Dino Dragone e Paul William Gregson

Clássicos do Brasil

GALAXIE

São Paulo

Editora
ALAÚDE

PRODUÇÃO EDITORIAL:
Editora Alaúde

REVISÃO:
Elvira Castañon e Shirley Gomes

CONSULTORIA TÉCNICA:
Bob Sharp

IMPRESSÃO E ACABAMENTO:
RR Donnelley

1ª edição, 2011 (1 reimpressão)

Dados Internacionais de Catalogação na Publicação (CIP)
(Câmara Brasileira do Livro, SP, Brasil)

Dragone, Dino
        Galaxie / Dino Dragone e Paul W. Gregson. -- São Paulo :
Alaúde Editorial, 2011.

ISBN: 978-85-7881-101-3

1. Galaxie (Automóvel) I. Gregson, Paul W.. II. Título.

11-11038   CDD-629.222209

Índices para catálogo sistemático:
1. Galaxie : Automóveis : História : Tecnologia   629.222209

2016
Alaúde Editorial Ltda.
Avenida Paulista, 1337
conjunto 11, Bela Vista
São Paulo, SP, 01311-200
Tel.: (11) 5572-9474
www.alaude.com.br

Compartilhe a sua opinião
sobre este livro usando a hashtag
#ClássicosDoBrasil
#ClássicosDoBrasilGalaxie

nas nossas redes sociais:

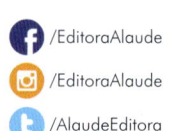

/EditoraAlaude

/EditoraAlaude

/AlaudeEditora

SUMÁRIO

CAPÍTULO 1

A ORIGEM

ESTADOS UNIDOS

Pode-se dizer que a história do Galaxie começou a ser traçada por volta de 1957 ou 1958, época em que a Ford Motor Company era líder absoluto de vendas, com veículos mais potentes, bonitos e tecnologicamente superiores. No ano seguinte, a Chevrolet colocou o novo modelo Impala como topo de linha e começou a ameaçar a liderança da Ford. A fabricante contra-atacou introduzindo a nomenclatura "Galaxie" ao nome do modelo Fairlane, que já tinha o desenho da nova linha 1959 desenvolvido.

Os planos iniciais eram introduzir no mercado uma versão mais luxuosa do Fairlane 500, que teria o nome de Fairlane 700, mas apenas algumas semanas antes da veiculação da campanha de lançamento foi definido que o novo carro se chamaria Galaxie, em uma alusão à galáxia e a coisas a serem descobertas pelo ser humano. Em resumo: um carro muito à frente de qualquer coisa já conhecida.

Em outubro de 1958, o carro foi oficialmente lançado e divulgado através de comerciais que abusavam de termos como "maravilhoso", "excitante", "glamouroso" e "luxuoso". O resultado correspondeu às expectativas: 400.000 carros vendidos em apenas seis meses.

O Galaxie ficou em linha nos Estados Unidos até 1974 e teve uma família bem grande, com quase duas dezenas de variações.

GALAXIE OU FAIRLANE 500?

Em 1959, os primeiros modelos produzidos não saíram da linha de montagem com o nome Galaxie, mas como Fairlane 500. Isso ocorreu porque os emblemas para o Fairlane 500 já haviam sido confeccionados em grande quantidade e o logotipo a ser colocado na tampa traseira era especial, de forma que um dos zeros do "500" ficava estrategicamente instalado na posição da chave. A Ford não queria desperdiçar o investimento em material, pessoal e estética, e a solução foi manter dessa maneira até que fosse encontrada uma solução e o estoque de peças diminuísse.

A linha de produção começou com os modelos sedãs Club Victoria e Town Victoria, além de duas versões de conversíveis, o Sunliner e o Skyliner. Curiosamente alguns desses modelos possuíam o logotipo de identificação em três locais (no porta-malas e nas duas laterais traseiras, enquanto os demais traziam apenas na tampa traseira). Talvez essa fosse uma estratégia para acabar mais rapidamente com o estoque dos logotipos produzidos. De qualquer maneira, esses veículos com três logotipos foram fabricados durante apenas oito meses, o que os torna muito raros atualmente.

O logotipo na tampa da traseira oculta a entrada da chave do porta-malas.

O item mais charmoso do carro era sem dúvida o teto conversível, que se escondia inteiramente no interior do porta-malas com apenas um toque de botão, uma tecnologia avançada até para os dias atuais, a um preço acessível.

Com apenas um apertar de botão, o enorme teto some dentro do porta-malas.

Acima: o Club Victoria. Embaixo: o conversível, herança direta do Fairlane 500.

1960: MUDANÇA RADICAL

Neste ano o carro ganhou uma nova frente com grade ampliada envolvendo os faróis e o tradicional emblema da companhia no centro do capô. O estilo do carro ficou mais arredondado e menos chamativo, com uma queda acentuada na coluna acima do banco traseiro (adornada por três círculos azuis com pequenas pontas similares a uma estrela estilizada), sem, contudo, interferir na comodidade dos passageiros de trás.

O preço era convidativo: a partir de 2.603 dólares era possível comprar um Galaxie Town Sedan de quatro portas com motor de seis cilindros (223 pol³/3,6 litros-145 cv, potência SAE bruta, como todas neste livro, salvo indicação em contrário). Os luxuosos modelos Sunliner (conversível) equipados com o motor V-8 como o 292/4,8 litros (código W e 185 cv), o 352/5,8 litros (código X e 235 cv) e o 352

Thunderbird Special (código Y e 300 cv, podendo alcançar até 360 cv quando preparado) tinham preços que não atingiam os 3.000 dólares.

Na traseira havia lanternas menores e linhas laterais pronunciadas desde o para-lama dianteiro até acima do porta-malas, formando um pequeno "rabo de peixe". Era possível instalar uma "saia" que cobria parte do pneu traseiro e complementava o enorme friso lateral. O modelo caiu no gosto dos consumidores, o que cumpria sua intenção de popularizar-se ao máximo e ser vendido a todas as camadas sociais que podiam comprar um carro. Um ano após o lançamento, foram disponibilizados cinco modelos e uma linha composta de três versões familiares, as station wagons, chamadas de Ranch Wagon, com configurações de banco que podiam atender até nove passageiros.

À esquerda: versão Starline e seus belíssimos detalhes, com destaque ao emblema. À direita: versão Starline, os emblemas se destacavam.

A parte interna trazia uma mistura de vinil e tecidos coloridos, inclusive com versões tricolores de acabamento. O painel de instrumentos sofreu mudanças e ficou mais arredondado, no mesmo estilo da carroceria.

Além disso, foram feitas alterações mecânicas, como controle de suspensão para evitar movimentos da carroceria em freadas bruscas, limpadores do para-brisa com área de limpeza 33 por cento maior e incorporação de quebra-vento dianteiro à estrutura da porta, melhorando o acesso. A lista de opcionais era extensa: caixas de som para o banco traseiro, refletor para o para-choque traseiro e farol auxiliar acionado pelo motorista. Para finalizar era possível instalar um para-choque traseiro maior, com suporte para o estepe, conhecido como kit continental, o que aumentava o espaço interno para bagagens no porta-malas. Havia também diferentes opções de câmbio: três marchas manuais, três marchas manuais com overdrive, mais as automáticas Ford-O-Matic, três marchas com engate manual da primeira, e Cruise-O-Matic, esta totalmente automática.

O vibrante interior e o painel rico em instrumentos contrastavam com o exterior sóbrio.

PRÊMIO DE ESTILO EM 1961

O Centro per L'Alta Moda Italiana definiu o desenho do carro como uma "expressão de beleza funcional", pois conseguia unir beleza e funcionalidade graças a mudanças importantes como nova grade dianteira, nova carroceria e avanços tecnológicos e de estilo como freios a tambor autoajustáveis, acréscimo de painéis galvanizados na carroceria e maçanetas das portas embutidas nos frisos laterais. O ar-condicionado foi batizado de Selectaire Conditioner, e foram acrescidas opções de um espelho modelo Deluxe que trazia o brasão da Ford, e lavador de para-brisa elétrico, conhecido como esguicho elétrico.

No alto, à esquerda: riqueza de detalhes, como os apliques e o logotipo no para-lama. No alto, à direita: emblema da tampa do porta-malas e um grande aplique nos para-lama traseiro. À direita: o motor 292, que rendia 192 cv.

No tocante a motores, começava com o Mileage Maker de seis cilindros e partia para a linha dos V-8, como o 292/4,8 litros, o 292 Thunderbird, o 352/5,8 litros de 300 cv, o 352 Thunderbird Special de 360 cv, o novo 390/6,4 litros de 300 cv, o 390 Police Interceptor de 330 cv e o 390 Thunderbird Special com carburador de quatro corpos e 375 cv. Para quem queria mais, havia o novo motor de alto desempenho com três carburadores duplos e 400 cv: o 390 Tri-Power.

DE 1962 A 1964

A versão Galaxie 500 de 1963. No detalhe, o volante móvel opcional para facilitar o acesso ao carro.

Nesse período o Galaxie era basicamente o mesmo carro, mas sofreu melhorias técnicas e de acabamento, como novas grades, frisos e emblemas conforme a versão e o ano, além de diversas opções de motores, sendo o V-8 427/7,0 litros o de maior potência (425 cv).

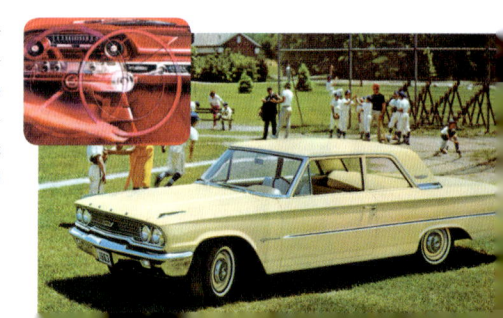

Os pontos marcantes foram as versões 500 XL (1962), Fastback (1963) e, em 1964, opções de motores com até 425 cv.

Por fim, havia a opção de adquirir sob encomenda o Galaxie Lightweight, que utilizava peças de carroceria em plástico reforçado com fibra de vidro, o que reduzia o peso do carro e por isso era muito utilizado em competições.

No alto: na versão 500 XL não faltavam adornos cromados. À esquerda: o Galaxie Lightweight para a Nascar.

As seis versões de motores disponíveis na linha 1963.

ORIGENS DA ESTÉTICA BRASILEIRA

No ano de 1965, o Galaxie se tornou esteticamente mais familiar ao modelo que os brasileiros conheceram, mantendo essa forma até o final do ano de 1967. Mudanças não faltaram, e a Ford preparou dezessete versões do Galaxie com o preço inicial de 3.167 dólares para a versão básica. Na nova frente, os faróis foram sobrepostos (posição aqui conhecida como "frente em pé" ou "farol em 8"), a nova grade era inteiriça e cromada, o símbolo, conhecido como "mira", foi instalado na ponta do capô e o para-choque era reto.

Na lateral, os vincos em baixo e alto relevo foram retrabalhados, e na fantástica traseira, novas lanternas verticais tinham moldura dupla cromada, interca-

Visão geral da linha Galaxie 500 1966, com destaque para o emblema nos para-lamas. No vidro traseiro, um sistema exclusivo de ventilação com função antiembaçamento.

lada por pintura preta e luz de ré ao centro, que vinham com contorno cromado. Havia muitos detalhes interessantes na tampa do porta-malas, como friso e logotipo. Internamente, a mudança mais visível foi o painel de instrumentos, com linhas mais retas, divisão em "dois andares", velocímetro na horizontal e rádio incorporado, além de novo desenho para o volante. Nesse período, as versões topo receberam novos bancos com materiais de revestimento muito mais confortáveis e ofereciam mais silêncio ao rodar; isso permitiu à Ford divulgar que esses modelos eram mais silenciosos que os Rolls-Royces.

A diversa lista de opcionais, para melhorar o conforto: luzes de emergência e de cortesia, acionamento elétrico dos vidros e bancos reclináveis, entre tantos outros.

Simplificação e extinção do modelo

Entre 1968 e 1974, o Galaxie sofreu constantes mudanças em estilo, motorização e tamanho de carroceria, com oferta de novas versões a cada ano, sempre fazendo frente às novas necessidades do mercado consumidor e ao desafio de se manter atual frente à crise de abastecimento de petróleo. Na prática isso significou que o modelo foi sendo alterado visando o minimalismo, com encerramento dos motores mais potentes ou de menor rendimento, diminuição do tamanho da carroceria e simplificação ou mesmo extinção de frisos e outros adereços.

Então, em 1971, a Ford disponibilizou apenas um tipo de carroceria para atender todas as versões, exceto, é claro, a perua.

O carro vinha tomando o formato de um veículo com carroceria sedã capaz de atender bem a um executivo ou mesmo a uma família, mas com isso perdia a sua

Nas versões básicas Custom e Custom 500 da linha 1970, a simplicidade.

Acima, à esquerda: detalhes exclusivos da versão LTD Brougham: teto de vinil branco, teto solar, luzes laterais brancas que acendiam ao ligar o pisca-pisca. Acima, à direita: lateral do Custom 500. À direita: o Custom 500 Ranch Wagon.

característica inicial de ser adequado a diversos públicos, inclusive os mais jovens, ávidos pelas versões esportivas.

Em 1974 o Galaxie saiu do catálogo de produtos da Ford americana, embora a linha 1975 utilizasse em seus outros veículos alguns nomes de versões que pertenciam ao Galaxie, como LTD e Brougham. O DNA permanecia de alguma forma!

Grade e emblema LTD Brougham, o máximo em requinte. Linha de peruas familiares de 1974.

CAPÍTULO 2

A CHEGADA AO BRASIL

A VINDA DA FORD

"À linha de produtos se juntará o automóvel Ford nacional, o Galaxie. A empresa o lançará no mercado brasileiro em princípios de 1967. O lançamento desse veículo de tão grande alcance técnico é uma verdadeira injeção de otimismo, que demonstra o quanto a Ford acredita no Brasil, e assinala o estabelecimento do padrão Ford de qualidade também para o mercado de automóveis brasileiro. Esperamos, com o surgimento do carro de passageiros, bater nosso recorde de vendas de 1925, quando distribuímos 24.500 dos históricos modelos T. Creio que os próximos dez anos serão ainda mais auspiciosos para o Brasil. Para isso, estamos trabalhando com o mesmo entusiasmo e a mesma fé de 1919 e de 1957."

John C. Goulden, gerente geral
da Ford Motor Brasil, em 25 de abril de 1965

Até 1956 a Ford Brasil não se preocupava com a concorrência e também não acreditava que os brasileiros pudessem fabricar seus próprios automóveis, visão que logo mudou, quando a Chrysler apresentou um plano de produção de automóveis. Apesar dos constantes envios de projetos para o Geia (Grupo Executivo da Indústria Automobilística), sempre recusados em virtude de não atingir o mínimo de 50 por cento de nacionalização, a Ford persistiu nas negociações. No período compreendido entre dezembro de 1958 e o ano de 1964, diversos projetos, negociações com o governo brasileiro por meio do Geia e a própria indefinição da fabricante em relação ao modelo a ser produzido atrasaram substancialmente o início da produção de um automóvel de passeio, fato que só foi alterado em 1965 com a apresentação formal do projeto do Galaxie, um sedã de porte grande tipicamente americano, com mais de 5 m de comprimento e 2 m de largura, com todo conforto e luxo que se podia esperar de um automóvel dessa categoria.

UM FORD GALAXIE NO HORIZONTE

Produzir o Galaxie no Brasil não seria tarefa das mais fáceis. Absolutamente tudo estava para ser feito, inclusive providências de ordem burocrática, planos de execução, cálculos de custos, importação de equipamentos, cronogramas das diversas fases de produção, aprovação dos projetos pelos órgãos governamentais e contratação de pessoal especializado. E o mais importante: a definição das mais de duzentas empresas fornecedoras de autopeças que seguissem à risca as rigorosas especificações que os padrões oficiais da Ford Motor Company exigiam de suas subsidiárias. Todo o processo, é claro, tramitaria com velocidade e perfeição, pois tudo deveria estar concluído no prazo máximo de dois anos, com a apresentação do carro novo. Para a viabilização do projeto Camel, como ficou conhecido internamente, seriam necessários investimentos de 30 milhões de dólares, uma soma descomunal para a época, mesmo para os padrões americanos. Vale lembrar: o projeto do Mustang, realizado poucos anos antes nos Estados Unidos, consumiu "míseros" 8 milhões de dólares.

O dinheiro seria investido em novos equipamentos, ferramental, forjas, prensas, máquinas hidráulicas de rebitar, de solda a ponto e de aplicação de massas vedadoras, em corte, costura e confecção de capas de banco e outros elementos de tapeçaria, em gabaritos e dispositivos especiais para montagem, além de novas instalações

Ferramental adquirido pela Ford após a aprovação do projeto Camel.

Instalações do Departamento de Pintura da Ford do Brasil.

e sistemas para o Departamento de Pintura, que custaram a bagatela de 8 bilhões de cruzeiros antigos.

Também havia a implantação de laboratórios de análise química, física, elétrica, de metalurgia e de testes de qualidade, que depois do Galaxie seriam os mais completos e modernos do país. Para abrigar tudo isso, as fábricas teriam suas áreas cobertas e descobertas ampliadas, e as estruturas externas e internas modificadas. Só na unidade do bairro do Ipiranga, em São Paulo, foram edificados mais de 14.000 m², nos quais foram construídos três armazéns para estocagem de peças e realizadas a ampliação e a modernização do prédio do refeitório, com pavimentação das áreas de armazenagem e de estacionamento para os Galaxies recém-saídos da linha de montagem, além de melhorias nos sistemas de fornecimento de energia elétrica e água.

Os investimentos na fundição em Osasco, no estado de São Paulo, que na época já era a mais moderna da América Latina, também foram substanciais. O Galaxie era um carro que não poderia ser construído com maquinário antigo, por isso as mais novas tecnologias foram empregadas na fabricação das mais de 2.600 toneladas de estampos fundidos com ferro de liga especial, destinados à confecção das peças estampadas. Com toda essa estrutura, o primeiro Ford brasileiro sairia com um índice de nacionalização acima dos 97 por cento, um feito extraordinário para a companhia e o setor de autopeças, que, além de se beneficiar com a geração de milhares de novos empregos diretos e indiretos, daria a oportunidade para novos e antigos fornecedores se empenharem na qualificação de seus produtos.

TESTES E MAIS TESTES

Após o anúncio do lançamento do Galaxie, a matriz americana enviou ao Brasil, para rigorosos testes, dois modelos 500, ano 1965, um azul e outro preto. O programa durou dois anos e todas as peças foram testadas. Mesmo depois de lançado, três carros ainda continuaram sob vigilante e cuidadosa atenção dos técnicos da Ford no bairro do Ipiranga.

A Ford, naquele momento histórico, exigia rigorosamente o melhor. Queria, nas suas subsidiárias, o mesmo padrão de excelência e o bom acabamento de seus carros produzidos nos Estados Unidos. Tudo deveria sair exatamente na medida e nas especificações predeterminadas, e no Brasil não poderia ser diferente. Como a produção brasileira era em menor escala, o con-

Um dos Galaxies modelo 1965 enviados pela Ford americana para testes rigorosos.

trole de qualidade podia ser mais exigente, apurado e efetivo, fato que agregou grande valor ao produto final. Em maio de 1966, a Ford contava com dezesseis protótipos, que se mostravam perfeitos e prontos para as ruas. Finalmente, o ciclo de experiências se fechava e o passo seguinte seria a apresentação ao público e à imprensa especializada.

Instrumentos utilizados nos testes dos equipamentos do Galaxie. Tudo para garantir conforto e segurança aos usuários do carro.

APRESENTAÇÃO EM GRANDE ESTILO

A apresentação do Galaxie tinha data marcada: 26 de novembro de 1966, dia da abertura do 5º Salão do Automóvel, realizado no parque do Ibirapuera, em São Paulo. O que se viu foi que, apesar do esforço dos concorrentes para apresentar vários carros novos, nenhum modelo chegava perto da categoria do moderno e luxuoso Ford Galaxie. E todos os olhares foram compreensivelmente dirigidos a ele.

A Ford não economizou esforços nem dinheiro para fazer do lançamento do Galaxie o maior acontecimento de mídia que o Brasil já tinha visto ou experimentado

desde que Juscelino Kubitschek, dez anos antes, autorizara o início da produção dos primeiros veículos genuinamente nacionais. E foi o que aconteceu.

Para dar o pontapé inicial, a Ford contratou o famoso arquiteto Sérgio Bernardes, responsável pelo projeto do grandioso estande (que ficou conhecido como o "Pavilhão"), que mesclava as forças mais atuantes da arte, da ciência e da técnica em um espaço com área total de 1.300 m². O estande reinaria absoluto em meio aos outros, dominaria todo o ambiente do prédio central e contaria com um cinema para mais de cem pessoas, dotado de

Maquete do "Pavilhão".

No alto: um dos grandes painéis que enfeitavam o "Pavilhão". Acima: cada Galaxie levava três minutos para dar a volta completa em todo o estande da Ford no mítico Salão do Automóvel de 1966.

ar-condicionado, no qual seriam exibidos filmes coloridos sobre a Ford do Brasil e de outros países e sobre as atividades da empresa na exploração espacial e nas corridas e ralis nos quais a marca vencera recentemente. Ao lado, localizava-se um bar, ornado com uma tela do renomado pintor Di Cavalcanti, que dava o necessário ar de requinte e beleza ao local. Para erguer e decorar o estande foram chamadas, respectivamente, as empresas Ângulo e Metro3, além do festejado e badalado estilista e artista plástico Aparício Basílio da Silva, responsável pelos figurinos das belas modelos.

E mais: o Galaxie, incontestável destaque do 5º Salão do Automóvel, circularia como um carrinho de autorama em volta do estande. O complexo mecanismo, utilizado pela primeira vez no Brasil, foi instalado pela empresa Link Belt e apelidado carinhosamente pelo público de "ford-o-rama". A cada volta completa de três minutos, dois Galaxies – um branco com interior vermelho e outro vermelho com interior preto – apareciam e sumiam como num toque de mágica em uma mesa giratória dividida com um painel que trazia em um dos lados uma enorme foto de uma "mocinha brasileira" com um grande chapéu e óculos com o logotipo da Ford refletido nas lentes, e desenhos circulares psicodélicos em preto e branco do outro lado.

SUCESSO ABSOLUTO

O Salão do Automóvel abria as portas às 15 horas da tarde, fechava às 23 horas e cobrava mil cruzeiros pela entrada. Só no primeiro dia em que esteve aberto ao público, o estande da Ford recebeu 30.000 pessoas, chegando até o encerramento do evento, no dia 11 de dezembro, a mais de 1,2 milhão de visitantes, inclusive jornalistas especialmente convidados da Alemanha, da Inglaterra, da França, da Itália e dos Estados Unidos, para conferirem de perto a nova estrela da Ford em seu nababesco "Pavilhão". Um dos mais interessados foi o presidente da República, marechal Humberto de Alencar Castello Branco, que admirou longamente cada detalhe daqueles belos Galaxies à sua frente e fez questão de entrar para sentir o conforto interno. Na ocasião, estava acompanhado do ministro da Indústria e do Comércio, Paulo Egydio Martins, que lhe disse: "Presidente, esse é bom mesmo. Verifiquei isso pessoalmente". O sucesso do Galaxie foi além do esperado. Todos os visitantes desejavam olhar, tocar, sen-

Todos os visitantes, além de ver, queriam tocar e sentir os detalhes da grande estrela do salão: o Galaxie. No destaque, a capa do programa do Salão do Automóvel de 1966.

tir e, o mais importante, comprar um Galaxie. A Ford, naqueles quinze dias, recebeu centenas de encomendas, mas os interessados teriam de esperar mais um pouquinho para colocar as mãos em seu objeto de desejo.

LÁ VEM O GALAXIE

Depois de quase 22 meses desde a apresentação do Galaxie no Salão do Automóvel, finalmente chegou o grande momento. No dia 16 de fevereiro de 1967, uma quinta-feira, sob aplausos, saiu da linha de montagem da Ford, no bairro do Ipiranga, em São Paulo, o primeiro Galaxie nacional devidamente adaptado e pronto para o mercado brasileiro. A exibição oficial do carro para a imprensa e para a sociedade paulistana se deu no dia 20 de fevereiro, data do início efetivo da produção em série das mil unidades mensais do novo Ford. Na solenidade, estavam presentes o governador do estado de São Paulo, Abreu Sodré; o coordenador do Geia, almirante Lúcio Meira; o presidente do Sindicato da Indústria de Peças para Automóveis e Similares do Estado de São Paulo, Luiz Rodovil Rossi; o gerente geral da Ford Motor Brasil, John C. Goulden; além de outras autoridades civis e militares, diretores da Ford, personalidades, operários e jornalistas. Em um palanque armado no meio das instalações da fábrica, vários oradores discursaram, e todos ressaltaram o júbilo da indústria automobilística brasileira pela produção do mais desenvolvido carro de passageiros nacional daquele período.

Enquanto se desenvolviam os discursos, John C. Goulden, acompanhado de Abreu Sodré, aguardava o *gran finale*. Ansiosos, entraram a bordo de um Galaxie bege-terra e exatamente às 11 horas deram a partida no carro e romperam uma divisória de plástico azul que separava a linha de montagem do local dos festejos. O reluzente Galaxie, com o impacto de suas belas linhas, inebriou todos os presentes, que se levantaram para aplaudir o primeiro Ford de passageiros de fabricação nacional, ao som da mú-

Momento histórico: ao som de *Menina moça*, o Galaxie dirigido por John C. Goulden irrompe do final da linha de produção, para o êxtase dos presentes.

sica "Menina moça", de Tito Madi, com arranjo da Banda dos Fuzileiros Navais.

Depois de quase uma década, finalmente a Ford Brasil conseguia, com muito esforço e um gigantesco investimento, apresentar seu primeiro carro de passeio ao mercado brasileiro. Um veículo moderno, bem construído e que seguia todas as especificações do Geia, orgulhosamente fabricado com matérias-primas nacionais. Agora começaria a etapa final: distribuí-lo a todas as concessionárias Ford no Brasil, que já o aguardavam ansiosamente, pois as encomendas dos ávidos consumidores não paravam de chegar. Afinal, o Ford Galaxie já conquistara muitas mentes e corações desse imenso país apaixonado por carros. A entrega dos veículos ao público começaria após a realização da Convenção Nacional dos Revendedores Ford entre os dias 14 e 16 de abril de 1967.

O pátio da fábrica da Ford no Ipiranga, em São Paulo, repleto de Galaxies à espera de seus futuros proprietários.

CAPÍTULO 3

A EVOLUÇÃO DOS MODELOS

1967

Os Fords Galaxie 500 que chegaram às concessionárias em meados de abril de 1967 eram esteticamente iguais aos seus irmãos americanos: sedãs de quatro portas com linhas retas e longilíneas, frente ampla com dois faróis circulares superpostos de cada lado e emoldurados por um friso cromado, grade de alumínio anodizado com frisos paralelos e estreitos que se alargavam no capô ornado com um emblema, popularmente conhecido como "mira", com três leões (que representavam as gerações da família Ford no comando da empresa), as letras cromadas F-O-R-D e um longo friso

Galaxie 500 vermelho-marte: para alguns, essa foi a frente mais bonita do carro. No destaque, o emblema do para-lama dianteiro. Os leões da mira representavam as três gerações dos Ford no comando da empresa: Henry, Edsel e Heny II.

logo abaixo. Os para-choques eram cromados, com espaço para fixação da placa no centro e, originalmente, sem garras de proteção, item que foi instalado na maioria do Galaxies assim que deixava as concessionárias Ford graças à mania do brasileiro de colocar acessórios em seus carros.

As laterais traseiras, dotadas de para-lamas que se estendiam muito além das rodas, davam a impressão de o carro ser bem maior do que realmente era; à meia altura estavam o letreiro "GALAXIE" e a plaqueta "500", além de frisos que acompanhavam a curvatura da abertura das rodas. O acesso para o bocal do tanque de combustível estava localizado do lado esquerdo, com tampa sem fechadura. As portas eram largas e equipadas com fechaduras e trincos cromados; logo abaixo destes estavam dois vincos. Um, mais largo e pronunciado, saía do para-lama dianteiro e passava por um emblema cromado estreito, com a palavra FORD no topo e três triângulos que tinham um pequeno leão em baixo-relevo, até atravessar as por-

tas e terminar um pouco antes da abertura da traseira. O outro vinco, mais suave e inclinado, acompanhava o carro na sua totalidade; sob a caixa de ar havia uma calha frisada de alumínio com detalhes pintados em preto fosco. As rodas de aro 15 eram pintadas na cor da carroceria e traziam originalmente uma pequena calota, conhecida como *dog dish* (prato de cachorro), que envolvia apenas o seu centro.

Os compradores do Galaxie podiam optar por lindíssimas supercalotas que cobriam completamente a roda, moldadas em aço inoxidável polido com frisos paralelos no seu anel externo, desenhos triangulares em baixo-relevo pintados em preto fosco e miolo acrílico na cor vermelha com um emblema no centro. A elegante traseira se destacava pelas belas lanternas quadradas, com a interessante luz de ré no centro do conjunto óptico, devidamente envolvida por uma moldura cromada com detalhes em preto. Entre as lanternas havia um par de frisos para-

A traseira, com linhas quadradas e paralelas, encaixava-se perfeitamente no desenho do carro. As grandes lanternas davam um charme todo especial à traseira. Em 1967, as famigeradas garras ainda não eram acessórios originais de fábrica.

Galaxie 500, 1967:
o primeiro.

O motor dos modelos 1967 saía pintado em duas cores: o bloco em azul-escuro e as tampas de válvulas e carcaça do filtro de ar em azul-claro.

carroceria, todas sólidas e com referências espaciais, muito em voga no final dos anos 1960, como azul-agena (escuro), azul-infinito (claro), bege-terra, branco-glacial, cinza-cósmico, preto-sideral, verde-netuno, vermelho-marte, além da opção de o teto vir em branco-glacial, o clássico estilo "saia e blusa". A combinação, apesar de tradicional, não agradou muito os consumidores na época, que acreditavam que ela "envelhecia" o visual do carro. Por isso poucos carros foram fabricados com essa cor e são uma verdadeira raridade hoje em dia.

Outros detalhes de cores se referiam às tampas de válvulas e à carcaça do filtro de ar, pintadas de azul-claro, enquanto o motor apresentava um azul mais escuro.

O luxuoso interior do Galaxie era inegavelmente o mais bonito, bem-acabado e confortável de todos os carros brasileiros da época. Os forros de puxadores de porta, painel, volante, coluna de direção, além da magnífica tapeçaria, poderiam vir em quatro cores: azul, bege, preto e vermelho. Os bancos eram forrados de tecido e vinil ou só de vinil, ambos com faixas verticais e desenhos florais.

O teto branco com textura *moon crater* (cratera lunar) era disponibilizado para todas as versões. No final, o feliz comprador tinha à disposição sessenta combinações diferentes de Galaxies. E os últimos detalhes: apenas nos modelos daquele ano a carcaça da embreagem

lelos, as letras F-O-R-D e, logo abaixo, o trinco para a abertura do espaçoso porta-malas, que surpreendentemente não trazia nenhuma forração ou tapete, apenas a lata pintada na cor do carro.

Para-brisas e janelas de grandes dimensões emolduradas por frisos cromados conferiam ao Galaxie poucos pontos cegos, o que facilitava muito a vida do motorista na condução do carrão, que já era boa graças à macia, obediente e opcional direção hidráulica. A visibilidade só ficava prejudicada pela falta do espelho retrovisor esquerdo externo, que não equipava os primeiros Galaxies. A Ford oferecia o modelo 1967 em oito cores básicas para a

Detalhes do painel e do acabamento da linha 1967. Além de apresentarem uma beleza inigualável, os bancos do Galaxie eram tão confortáveis que podiam ser considerados sofás. Os bancos de vinil traziam um desenho diferente em relação aos de tecido.

do câmbio era forjada em alumínio, o porta-luvas contava com um suporte na parte superior, destinado à acomodação dos documentos do carro. A partir de setembro do mesmo ano, na base do centro do para-brisa traseiro, os Galaxies passaram a vir com um adesivo com os seguintes dizeres: "Ford Galaxie – Feito no Brasil por brasileiros". O modelo 1967, com ajuda da pesada campanha publicitária, tanto institucional quanto promocional, ajudou a empresa a colocar 9.237 Galaxies nas ruas de todo o Brasil no seu primeiro ano de fabricação, fato que jamais seria repetido pela Ford ou pela mídia. Esse número representava 6 por cento de toda a produção da Ford Motor Brasil e foi o recorde histórico de vendas do modelo em um mesmo ano.

1968

Com o sucesso alcançado pelo Galaxie em seu primeiro ano de vida, a entusiasmada diretoria da Ford ordenou no final de 1967 que seus desenhistas e engenheiros fizessem projetos para o aumento da linha Galaxie no Brasil. Já no início de janeiro, enquanto boa parte dos empregados da Ford estava em férias coletivas, uma equipe de técnicos trabalhava secretamente e com muita rapidez na versão mais so-nhada por todos os amantes de carros esportivos: a fastback.

Projeto do Galaxie fastback brasileiro, baseado no modelo americano de 1967.

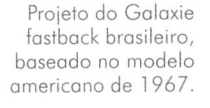

Os três protótipos foram construídos com todas as modificações planejadas e mantidos escondidos em algum lugar fora da linha de montagem. Conforme a foto e os desenhos apresentados pela edição de março de 1968 da revista *Quatro Rodas*, o modelo americano de 1967 parecia ser a base do projeto. O futuro Galaxie traria as seguintes inovações: traseira mais estreita, bancos individuais na frente, alavanca de câmbio com quatro marchas no assoalho, novo motor e alterações na grade, nos frisos e no painel. Em agosto, outra versão moldada de forma artesanal pela Motor Shop, o Departamento de Desenvolvimento de Novos Produtos da Ford, foi revelada pela revista *Quatro Rodas*: a perua Galaxie estilo station wagon. Mas infelizmente, desde o início dos trabalhos, o pessoal envolvido no projeto já alertava que ela nunca seria colocada em fabricação, e os poucos protótipos fabricados seriam destinados apenas para uso interno da companhia. A mais famosa delas, uma ambulância, na época foi exposta em alguns eventos. Além das versões fastback e perua, a Ford testava arduamente o novo motor de 4.800 cm³ (292 pol³), que viria a equipar, num primeiro momento, apenas o novo LTD. O 500 continuaria com o motor de 4.500 cm³ (272 pol³).

Em 1968, a Ford realizou poucas alterações no Galaxie sedã, mas algumas foram perceptíveis: painel acolchoado com novo friso inferior sem ranhuras,

tampa de combustível com fechadura, forração e tapetes de buclê no porta-malas (de série), rodas pintadas em preto. A calota que cobria apenas os parafusos foi extinta, e supercalotas passaram a equipar todos os Galaxies saídos da linha de montagem, assim como o espelho retrovisor externo esquerdo e o motor, que era pintado apenas em azul-marinho. Mas a melhor novidade foi a oferta do aparelho de ar-condicionado, projetado e construído especialmente para que o Galaxie enfrentasse bravamente o peculiar clima brasileiro, isso sem prejudicar o espaço e o conforto internos. O equipamento vinha com um seletor de sete graduações comandado por um termostato que cor-

rigia automaticamente todas as variações
de temperatura. Outro recurso do aparelho era o sistema de controle direcional,
que permitia dirigir o fluxo de ar refrige-
rado com três velocidades, para qualquer
direção, com um simples girar de botão.
Todos esses recursos vinham com a garantia de 20.000 km ou de doze meses
a partir de sua instalação. Em novembro daquele ano, no 6º Salão do Automóvel de São Paulo, além de apresentar
seu novo carro médio, o Corcel, a Ford
trouxe o LTD, a versão mais luxuosa e
requintada da linha Galaxie.

Detalhes do controle
do ar-condicionado,
localizado embaixo do
painel.

Em 1968, a Ford incompreensivelmente passou a acentuar o nome do carro,
grafando-o "Gálaxie", em propagandas
impressas, folhetos e adesivos de divulga-
ção do modelo do ano. Nesse ano foram
vendidas 7.212 unidades.

Um ano após seu
lançamento, o Galaxie
se manteve inalterado
externamente. A partir do
modelo 1968, os motores
passaram a ser pintados
apenas em azul-escuro.

1969

O ano de 1969 marcou o início do abrasileiramento dos Galaxies, que começaram a receber as primeiras alterações de estilo e as novas cores sólidas – segundo o Boletim Informativo para Revendedores (BRG77) de 23 de janeiro de 1969: azul-marambaia, amarelo-claro, verde-majorca, cinza-talismã, vermelho-meteoro e as já tradicionais preto-sideral, bege-terra, branco-glacial, vermelho-marte e azul-agena. O Galaxie também passou a ser pintado em cores metálicas como azul-náutico, bege-monza, verde-caribe, cinza-prata, turquesa-mônaco. Havia os pedidos especiais, com combinações de cores de carroceria e de interior que não estavam disponíveis em catálogo e podiam ser solicitadas nas concessionárias, mas demandavam um tempo adicional para a entrega ao comprador, além do sobrepreço, é claro.

Para o Galaxie 500, as modificações externas foram marcadas pela grade, que recebeu um novo friso central e um emblema retangular vertical com um fundo branco, uma coroa e três triângulos superpostos lateralmente nas cores vermelha, branca e azul, com um pequeno leão na base. A charmosa "mira" do capô foi suprimida, e as calotas perderam o miolo de acrílico vermelho, que foi substituído por uma tampa de aço inoxidável estampada com um friso circular pintado em preto. Novos emblemas redondos foram

A grade do modelo 1969 apresentava um friso a mais e um emblema retangular no centro. A calota perdeu o miolo acrílico, e a coluna C passou a ostentar um emblema com o Cruzeiro do Sul, indicando os cinquenta anos da instalação da Ford no Brasil. A traseira ganhou um friso novo e as letras F-O-R-D foram deslocadas para o canto superior direito.

colocados nas colunas traseiras, com o símbolo da Ford (o mesmo da grade) com estrelas que representavam a constelação Cruzeiro do Sul. O porta-malas recebeu um novo friso horizontal cromado e um emblema vertical, e as letras F-O-R-D foram deslocadas para o canto superior direito. Os para-choques ainda saíam originalmente sem as garras de proteção. Por fim, a antena do rádio foi deslocada para o para-lama esquerdo.

Internamente, os modelos 1969 ainda podiam vir em vermelho, azul, pergaminho e preto. Os painéis de porta e bancos foram redesenhados e receberam nova forração; um espelho de cortesia foi instalado no para-sol direito (exclusivamente para o LTD), e o porta-malas recebeu forração com tapete de melhor qualidade e com desenho diferente. Na mecânica, as novidades ficaram por conta do novo e opcional motor V-8 de 292 polegadas cúbicas e 190 cv, além de nova articulação na alavanca de câmbio, silenciador de escapamento reprojetado, freios de ajuste automático e comando interno para abertura do capô.

Apesar das muitas melhorias, sem dúvida nenhuma, a maior novidade da fábrica para a linha Galaxie foi o Ford LTD (sigla de *limited*), um carro derivado do modelo 500, com acabamento muito mais luxuoso e requintado, criado para atingir uma fatia específica do mercado, formada pelos apreciadores de modelos importados. Essa ideia foi reforçada pela campanha publicitária

que exultava o LTD como o contra-ataque brasileiro aos carros importados. O comercial para a televisão mostrava uma manifestação popular que protestava em meio ao desembarque de um Mercedes-Benz no Porto de Santos. A multidão bradava palavras de ordem como "LTD, sim! Importados, não!", "*Imported cars, go home!*" e "O LTD é nosso". Para as propagandas impressas foi utilizado o personagem ufanista "Jeremias, o bom", criado pelo cartunista Ziraldo, que aproveitava a onda nacionalista e antiamericana da época e dava a entender que o modelo nacional não ficava devendo nada aos importados. Quanto ao desempenho, o LTD era equipado de série com o novo motor 292, mais potente e elástico por causa da maior cilindrada conseguida mediante o aumento do diâmetro dos cilindros, além das novas calibragens do distribuidor e do carburador, que aumentavam a potência de 164 cv dos antigos 272 para 190 cv. A taxa de compressão passou para 7,8:1, o que ainda permitia, na época, o uso de gasolina amarela, como era chamado o tipo mais comum. A novidade mecânica oferecida pela primeira vez em um veículo nacional foi o câmbio automático, erroneamente conhecido como Ford-O-Matic, apesar de a caixa instalada ser a C4. Originalmente, a caixa Ford-O-Matic era dotada de três marchas, mas a primeira tinha que ser colocada manualmente. Caso o motorista não o fizesse, o carro arrancaria sempre em segunda, razão pela qual, nos Estados

A nova grade dava um ar ainda mais elegante ao LTD. O para-lama dianteiro ganhou um adorno em forma de cruz e recebeu em sua base um emblema identificando a cilindrada do novo motor. Outro emblema na coluna traseira identificava o membro mais suntuoso da linha. A traseira era a mesma do 500, com elementos diferentes, como detalhes e frisos na tampa do porta-malas.

Unidos, essa caixa era considerada como tendo apenas duas velocidades. O porquê de a Ford no Brasil ter instalado o emblema Ford-O-Matic é um mistério. Completando os aperfeiçoamentos mecânicos, o sistema de refrigeração do motor foi aprimorado para evitar o superaquecimento.

Externamente, o LTD ganhou nova grade quadriculada com três frisos horizontais cromados, um emblema quadrado do lado esquerdo com as letras L-T-D e uma coroa. Ganhou também novos indicadores de direção frontal e supercalotas com miolo de acrílico preto e as letras L-T-D sob uma coroa no centro. Novos emblemas foram aplicados nos para-lamas dianteiros. Um deles, na horizontal, tinha forma de cruz e possuía detalhes pintados em preto; o outro, com quatro linhas paralelas vermelhas inclinadas, tinha o número 480, representação da nova cilindrada do motor, fixado sobre uma base quadriculada colocada na parte inferior da peça. A tampa do porta-malas ganhou um novo friso horizontal cromado com um grande emblema no centro, em forma de coroa, com as letras L-T-D, e, sobre um adorno, as letras F-O-R-D. O teto recebeu um requintado revestimento de vinil granulado preto e um emblema

na coluna traseira, com uma coroa de louros circular e o L-T-D.

Fornecido nas mesmas cores do modelo 500 (preto, pergaminho, azul e vermelho), o interior ganhou aparência elegante e luxuosa, e era composto de bancos forrados com jérsei de náilon, com detalhes em vinil, e eram equipados com um prático apoio para o braço, escamoteável no banco traseiro, além de aplicações de jacarandá no painel e nas portas revestidas de vinil, carpete preto, luzes de cortesia dianteiras e um estreito friso horizontal cromado. Também tinha um volante com novo aro de buzina, teto e para-sóis forrados de tecido plástico

preto, emblema horizontal Ford LTD na tampa do porta-luvas, agora com iluminação interna, caixa de som traseira acionada por uma tecla instalada no controle do rádio, com um detalhe: as teclas do rádio do modelo LTD de 1969 eram pretas.

O carro vinha com quatro cintos de segurança subabdominais opcionais, pois no Brasil o uso ainda não era obrigatório. Sempre preocupada em fazer os carros mais silenciosos do mercado, a Ford aprimorou o tratamento acústico do veículo utilizando um carpete de buclê mais grosso e reforçando a forração do teto, o que tornou o LTD ainda mais silencioso e agradável de dirigir. A série de confortos poderia ser completada com um aparelho de ar-condicionado, opcional. Apesar de todos os aperfeiçoamentos e novidades, as vendas perderam o fôlego. Foram vendidas naquele ano apenas 5.544 unidades, englobando o Galaxie 500 e o LTD. Tal fato pode ser facilmente explicado pela entrada do Chevrolet Opala e do Dodge Dart, carros mais baratos, mas menos confortáveis, não tão silenciosos nem bem-acabados, no mercado brasileiro.

Os bancos forrados com jérsei preto davam mais distinção ao interior.

1970

Depois de dominar o mercado de veículos grandes por dois anos, o Galaxie passou a encarar, a partir de 1969, uma acirrada e duríssima concorrência com o Chevrolet Opala e o Dodge Dart.

Em outubro de 1969, enquanto um Galaxie 500 não saía por menos de 32.691 cruzeiros novos, o LTD mecânico sem ar-condicionado custava 35.846 cruzeiros novos, e o modelo automático com ar-condicionado,

42.711 cruzeiros novos. Tamanha diferença já preocupava todo o setor de vendas da Ford, pois naquele momento a fábrica só estava vendendo com sucesso o Corcel; as linhas de tratores, de caminhões e do próprio Galaxie estavam ociosas. Ciente disso e acompanhando bem de perto a movimentação da Chrysler, a fábrica do Ipiranga preparou novos carros para enfrentar a dura concorrência dos Dodges.

No dia 10 de fevereiro de 1969, Henry Ford II esteve no Brasil para ver pessoalmente as modificações nas linhas Galaxie e Itamaraty, o último carro herdado da recém-incorporada Willys-Overland do Brasil, em um salão do automóvel particular montado especialmente para a ocasião na garagem do Centro de Pesquisas Ford, em Rudge Ramos, no bairro de São Bernardo do Campo, no ABC paulista. Henry Ford II aprovou as mudanças externas sutis no Galaxie 500: pintura preta nas seções dos frisos mais estreitos da grade, mudança da cor de fundo do emblema

Galaxie 500 de 1970: mudanças sutis. Parte dos frisos e o fundo do emblema da grade foram pintados de preto, enquanto as letras F-O-R-D do capô foram reposicionadas.

A traseira tinha mais novidades que a frente. No para-lama traseiro, foram instalados novos emblemas, que identificavam o modelo, e elementos reflexivos (olhos de gato). O mesmo emblema do volante agora ornava a coluna C. Traseira com o friso do LTD 1969, com emblema diferente e garras, que passaram a ser equipamentos opcionais para os modelos 500.

central, de branco para preto, deslocamento das letras F-O-R-D, agora com fundo preto, para o lado esquerdo do capô.

O para-lama traseiro ganhou um refletor retangular vermelho e moldura cromada, que se tornou um item de segurança obrigatório a partir de 1970 para toda a linha de veículos Ford, além do novo grafismo dos emblemas "Galaxie 500" em letra cursiva. O porta-malas herdou o friso com emblema do LTD 1969, agora dividido em três partes, nas cores vermelha, branca e azul, mas ainda com o desenho dos tradicionais leões. As letras F-O-R-D foram retiradas, e a fábrica colocou pela primeira vez as famigeradas garras de proteção dos para-choques como opcional.

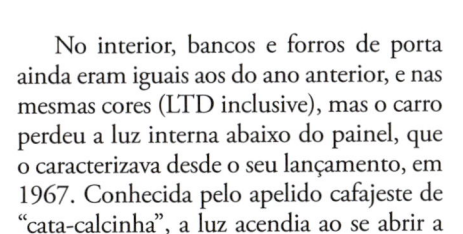

O interior permaneceu o mesmo do ano anterior. Até 1970, a luz "cata-calcinha" equipava os Galaxies 500 e os LTDs.

No interior, bancos e forros de porta ainda eram iguais aos do ano anterior, e nas mesmas cores (LTD inclusive), mas o carro perdeu a luz interna abaixo do painel, que o caracterizava desde o seu lançamento, em 1967. Conhecida pelo apelido cafajeste de "cata-calcinha", a luz acendia ao se abrir a

Para Henry Ford II, o LTD 1970 era mais elegante que seu antecessor. A frente, apesar de algumas mudanças, era praticamente a mesma. Novo emblema Ford da grade. As letras L-T-D do capô foram herdadas do seu "irmão" americano.

porta e, também, ao se acionar a própria peça.

O motor 292 agora era disponibilizado para toda a linha, assim como cintos de segurança e extintor de incêndio.

No LTD, a parte mecânica e os detalhes da parte interna permaneceram rigorosamente iguais aos do modelo anterior, mas o que realmente agradou o exigente comandante máximo da Ford mundial foi o novo exterior do carro. Apesar de a carroceria permanecer a mesma, para alguns o LTD 1970 era bem mais garboso e galante que seu antecessor. As inovações ficaram por conta do novo desenho da grade pintada em tinta preta fosca a

cada seção de dois frisos verticais e de um novo emblema Ford do lado esquerdo. O largo friso central foi retirado. As letras L-T--D foram deslocadas para o meio do capô, exatamente como nos modelos americanos de 1968. Completando as modificações, as garras nos para-choques frontais passaram a ser equipamentos de série.

Na lateral, as calhas de alumínio frisadas foram retiradas e deram lugar a uma larga faixa pintada em preto fosco e a um friso cromado que acompanhava a pintura. Um fino filete pintado em preto, vermelho ou branco acompanhava toda a lateral superior do carro. Havia ainda o novo emblema 4800 horizontal e com fun-

do vermelho, e números brancos instalados no para-lamas dianteiro. A coluna traseira teve seu ornamento circular substituído por dois ramos de louros, as letras L-T-D e a coroa, combinação que nunca mais seria repetida.

Na traseira, o friso do porta-malas foi trocado por uma linda calha de alumínio polido, com filetes horizontais destacados pela pintura preta fosca e um emblema retangular com laterais côncavas e as letras L-T-D no centro e dois ramos na base. Os modelos com câmbio automático podiam ser identificados por uma plaqueta. As calotas permaneceram as mesmas, mas o miolo foi repintado em magenta. Henry Ford II aprovou prontamente, depois de uma avaliação minuciosa do Galaxie 500 e do LTD, o que deixou os técnicos e projetistas brasileiros orgulhosos e contentes.

A resposta para brigar de igual para igual com os Dodges Dart viria imedia-

tamente após seu lançamento: o Galaxie Standard, apelidado de Galaxie "pé de camelo" ou "teimosão" (referência ao desprivilegiado Gordini Teimoso da Willys). Era um carro com acabamento espartano. Por fora, a grade era a mesma dos modelos de 1967 e 1968, sem o emblema central e com mudanças apenas na aparência. A duas seções dos frisos mais finos foram pintadas em preto fosco. Emblemas? Só o F-O-R-D no lado esquerdo do capô; as antigas letras G-A-L-A-X-I-E dos para-lamas foram colocadas na parte superior da tampa do porta-malas, e os refletores, nas laterais.

A calha de alumínio frisada das caixas de ar, a coluna e os frisos cromados de portas e janelas foram suprimidos. As rodas eram pintadas na cor da carroceria e recebiam as mesmas calotas dos primeiros 500, que eram mais simples e cobriam apenas a parte central do

Parafraseando uma propaganda da Ford da época: "Agora o LTD é faixa preta". Novo emblema do para-lama que indicava a cilindrada do motor. Grafismo diferente no emblema da coluna traseira. No modelo 1970, a calota do LTD teve apenas a cor do miolo modificada.

pneu, com a diferença de que vinham com o centro pintado. Internamente, o estofamento e os forros das portas sem frisos passaram a ser de vinil preto. Os cintos de segurança eram equipados a pedido dos compradores. O painel não vinha com relógio elétrico nem com rádio, ambos equipamentos opcionais, assim como o acendedor de cigarros e o sistema de ventilação forçada, permanecendo apenas as aberturas laterais de ar dinâmico e um controle manual sob o painel para desviar o ar em direção ao para-brisas ou ao assoalho.

A luz de teto só se acendia com a abertura das portas dianteiras. O porta-malas não era equipado com luz auxiliar. Na mecânica, substituiu-se a direção hidráulica pela sem assistência, o que proporcionou um ligeiro aumento no desempenho do motor 292, conforme atestou a revista

Autoesporte em março de 1970. Curiosamente essa mesma edição elegeu o Dodge Dart o carro do ano. Enquanto o modelo 500 alcançava 150 km/h, o "pé de camelo" cravava 163,6 km/h, por causa da retirada da direção hidráulica que roubava potência extra e a mantinha no próprio motor. O importante foi que, em janeiro de 1970, o carro passou a custar 27.867 cruzeiros novos, apenas 1.200 cruzeiros novos a mais que o Dodge Dart.

Após o lançamento do "pé de camelo", um veículo de acabamento mais simples, a Ford incompreensivelmente passou a forrar os assoalhos do 500 e do LTD com um carpete de qualidade muitíssimo inferior, que tinha o gravíssimo defeito de se desmanchar e soltar pelos. Esse defeito seria corrigido no ano seguinte.

Com todos os problemas enfrentados pela Ford em 1970, ela teve uma queda

Para tentar roubar clientes da Chrysler, a Ford despiu o Galaxie 500 e colocou o "pé de camelo" para brigar com o recém-lançado Dodge Dart. O Galaxie era praticamente desprovido de frisos e emblemas.

significativa nas vendas, o pior ano dos "faróis em pé", e conseguiu compradores para apenas 4.017 unidades, que saíram nas cores amarelo-bonanza, azul-aurora, azul-diplomata, bege-panamá, branco--alpino (exclusivo do "pé de camelo"), cinza-marabu, ocre-monterrey, verde--icaraí, verde-paineira, vermelho-cardeal, preto-bali, além das metálicas azul-real (exclusiva do Galaxie 500), cinza-chanceler/embaixador, cereja, turquesa-mônaco e verde-marajó, sem contar com os pedidos especiais, conforme consta no Boletim Informativo para Revendedores BRG 01/70. Apesar das adversidades, a Ford conseguiu, nesse mesmo ano, um contrato para fornecer com exclusividade os veículos oficiais para a Presidência da República do Brasil.

Pode-se dizer que a linha Galaxie atendia a todos os públicos: o LTD para a presidência, o 500 para a diretoria, e o

O presidente Emílio Garrastazu Médici a bordo do LTD 1970 presidencial.

Galaxie para os gerentes executivos. Por causa da pequena produção, atualmente os modelos de 1970 são os mais raros de ser encontrados à venda, principalmente o "teimosão". Quem tem um desses dificilmente o vende.

1971

O Salão do Automóvel de 1970 trouxe muitas novidades e ameaças para a Ford e para o Galaxie. O próprio salão passou por grandes transformações. As belas mas acanhadas instalações do pavilhão da Bienal foram substituídas por um gigantesco centro de exposições, o Pavilhão de Exposições do Anhembi.

Na tentativa de ganhar uma faixa de consumidores ainda mais exigentes e com altíssimo poder aquisitivo, a Ford lançou o LTD Landau, um LTD mais sofisticado e confortável, apontado como um dos carros mais luxuosos do mundo pela propaganda oficial da Ford. E realmente era. O LTD Landau poderia sair de fábrica

O modelo 1971 trouxe de volta a popular mira, instalada apenas no LTD Landau, além de filetes duplos e mais finos. A traseira do LTD Landau, com certeza, foi uma das mais bonitas que a fábrica do Ipiranga produziu em solo brasileiro.

opcionalmente equipado com câmbio automático, ar-condicionado, estofamento e revestimentos das portas de couro. Mais conforto, impossível, mas alguns detalhes externos ganharam notoriedade instantânea, como o vidro traseiro menor, que proporcionava mais privacidade aos ocupantes – e menos visibilidade ao motorista. A frente do carro permaneceu praticamente inalterada, com a mesma grade do ano anterior, mas pintada de forma diferente, destacando o cromado dos frisos horizontais e as garras dos para-choques com novo desenho e borrachas mais finas para

A nova mira do LTD Landau 1971.

toda a linha. Um detalhe que agradou bastante foi o retorno da mira no capô, mas não a clássica dos Galaxies de 1967 e 1968, e sim uma inspirada no emblema dos Lincolns americanos, só que instalada na posição horizontal.

Nas laterais, a pintura preta fosca foi descontinuada e, na mesma altura, foi instalado um largo friso de alumínio com a parte central preta, que ia de um para-lama a outro, além de dois filetes paralelos pintados na linha da cintura, os quais também acompanhavam toda a lateral do carro.

Outro detalhe que chamou muita atenção foi o grande emblema instalado estrategicamente na coluna traseira, que fazia referência às dobradiças em forma de "S" instaladas nas capotas dos Landaus, antigas carruagens utilizadas pelos nobres europeus no século XIX. Foi exatamente por causa desse detalhe peculiar que o LTD ganhou seu sobrenome. O teto de vinil manteve a tradicional cor preta.

Na traseira, foram instaladas novas lanternas com três gomos verticais cada,

e detalhes centrais cromados que ficaram conhecidos como catedral. A luz de ré foi incorporada ao para-choque, e um novo emblema com a palavra "Landau", em tipologia cursiva, foi instalado no canto superior direito da tampa do porta-malas.

As rodas ganharam as suntuosas calotas raiadas dos LTD e dos Lincolns americanos, e eram importadas dos Estados Unidos. No interior, o estofamento de série era de jérsei, ou de couro (opcional); os forros da porta foram redesenhados em forma de losangos. O imprescindível carpete de buclê voltava a forrar o assoalho da linha Galaxie, exceto o "pé de camelo". Luzes de leitura comandadas pelo motorista foram instaladas nas colunas traseiras, e o carro recebeu um novo revestimento no teto feito de um material semelhante ao veludo. Os porta-revistas, do tipo bolsa, colocados na parte

As antigas carruagens que transportavam os nobres europeus no século XIX inspiraram os engenheiros da Ford a criar o grande emblema da coluna traseira e dar sobrenome ao LTD.

A exclusiva traseira brasileira fez muitos americanos suspirarem. Alguns chegaram a substituir as lanternas originais pelas do tipo catedral. O Galaxie 500 de 1971 foi um dos mais bonitos depois do início do abrasileiramento do clássico modelo 1967. No Galaxie 500, a nova grade era uma das poucas novidades para 1971. Nesse ano, o emblema do para-lama dianteiro passou a ser colorido.

posterior do banco dianteiro estavam disponíveis apenas para os bancos revestidos de couro. O puxadores de porta também eram de couro, com o emblema "Landau" do lado direito. Os alto-falantes traseiro e dianteiro podiam ser usados alternadamente ou ao mesmo tempo, oferecendo melhor ambiência ao som do rádio. Havia um novo tampão traseiro revestido de vinil, com costuras em forma de losangos e botões.

Na parte mecânica, as novidades do LTD Landau ficaram restritas aos freios com servoassistência. O motor ainda era o 292, que já começava a dar sinais de cansaço e incompatibilidade, por conta do tamanho e do peso do carro (o manual pesava 1.730 kg, e o automático, 1.780 kg). No Galaxie 500, as mudanças não foram significativas. Apesar de a Ford ter planejado uma grade totalmente diferente para o modelo, a inovação foi vetada pelos engenheiros da companhia, pois prejudi-

cava a ventilação do motor. Devido a essa decisão, a grade antiga permaneceu, e as letras F-O-R-D que estavam no lado esquerdo do capô migraram para o centro da abertura horizontal que a divide, além de ter dois terços de seu espaço ocupados por dois frisos da mesma cor da carroceria.

Além de receber uma nova pintura preta nos onze frisos verticais, os pisca-piscas e as lanternas dianteiros foram deslocados para a mesma posição que ocupam no LTD Landau: atrás da grade, nos cantos inferiores. Nas laterais, poucas mudanças ocorreram em relação ao modelo anterior. Como no LTD 1969, foram acrescentados apenas largos frisos nos para-lamas traseiros e emblemas semelhantes, mas agora coloridos, nos para-lamas dianteiros. Na traseira, as únicas mudanças foram as novas lanternas tipo catedral e o deslocamento das luzes de ré para o para-choque.

A evolução dos modelos

O interior ainda era oferecido com estofamento colorido, nas opções azul, marrom (bege), preto e vermelho, e o tampão traseiro foi substituído por outro, revestido de vinil com costuras eletrônicas retas. A mecânica permaneceu rigorosamente igual à dos modelos de 1970.

O Galaxie de 1971 mudou para melhor. A grade recebeu o mesmo grafismo de pintura dos 500. As letras F-O-R-D do capô tiveram seu fundo pintado de preto. A lateral ganhou um friso de alumínio no vinco central da lataria, que se estendia do para-lama dianteiro até a abertura da porta traseira; as molduras cromadas das portas e colunas passaram a ser de série. O para-lama traseiro agora vinha com o emblema "Galaxie" em letra cursiva. Os antigos frisos do porta-malas dos modelos 1967 e 1968 passaram a ornar a traseira, e o espaço entre eles foi pintado de preto. As letras G-A-L-A-X-I-E foram retiradas. As lindas lanternas catedral presentes em outros modelos também foram incorporadas.

O interior e a mecânica permaneceram os mesmos, mas a lista de opcionais aumentou bastante: protetores de para-choque (garras), pintura acrílica (metálica), pneus faixa branca sem câmara, supercalotas, relógio elétrico, espelho no para-sol, rádio e antena, alto-falante traseiro, cintos de segurança, diferencial autobloqueante (relações 3,54:1 e 3,31:1), calha frisada de alumínio na caixa de ar e no para-lama traseiro, servofreio, teto

O "pé de camelo" de 1971. A traseira do Galaxie ressuscitou os antigos frisos dos 500 de 1967 e 1968, e também incorporou as novas lanternas, deixando o carro bem mais atraente.
O peculiar friso da lateral gerou muita discussão. O Galaxie passou a ser identificado pelos novos emblemas instalados no para-lama traseiro.

de vinil e direção hidráulica. As opções de cores da linha Galaxie para o ano de 1971 eram, segundo o Boletim Informativo para Revendedores (BRG 08/70) de 30 de outubro de 1970: amarelo-itapoã, amarelo-topázio, azul-colonial, azul-cristal, azul-ipanema, azul-mosaico, bege-jangada, branco-alpino (usado somente no Galaxie "pé de camelo"/"teimosão"), bronze-poente, preto-bali, turquesa-royal, verde-pampa, verde-tropical, vermelho-calypso, vermelho-cardeal, e as metálicas azul-astral, cereja-metálico, marrom-barroco, verde-hortelã e verde-jade.

Pelo segundo ano consecutivo, a Ford entregava os LTDs Landau usados pelo presidente da República.

Apesar das novidades que deixaram o carro mais bonito e muito mais confortável, as vendas não foram muito melhores que no ano anterior. Em 1971 a Ford produziu, entre seus três modelos, 4.400 carros, e continuou a fornecer os modelos para o uso da presidência da República – modelos LTD Landau para o presidente Médici em Brasília ou no Rio de Janeiro.

1972

Em 1972, o LTD Landau teve poucas modificações. O vinil-areia era oferecido como opcional para os modelos 1972. À direita: a traseira ficou exatamente igual à do ano anterior. O friso foi reposicionado, passando a acompanhar o vinco da lataria.

O ano começou sem muitas novidades para a linha Galaxie, mas prometia grandes emoções. Os modelos para 1972 eram praticamente os mesmos de 1971, sem modificações estéticas significativas. O LTD Landau passou a ser pintado com novas cores: azul-astral, bronze-fogo e ouro-del-rey. Os frisos dos para-lamas traseiros passaram a acompanhar a linha do vinco da peça, diferente do que ocorria nos modelos de 1971, cujo friso ficava na horizontal e dava a impressão de que iria cair. O teto de vinil, além do tradicional preto, passou a ser oferecido na cor areia.

As inovações mecânicas ficaram por conta dos freios a disco servoassistidos, ar quente (ambos opcionais para o Galaxie e para o 500), e lampejador de faróis, agora

Mais segurança com os freios a disco.

instalado na ponta da alavanca do indicador de direção na coluna de direção. Externamente, o 500 e o Galaxie não tiveram mudanças, eles apenas ganharam mais opções de cor: turquesa-aqua, azul-aquarius, branco-nevasca, marrom-canela, verde-selva, vermelho-cádmium e as metálicas cinza-ardósia, turquesa-mônaco e verde-éden.

O interior de toda a linha acompanhava rigorosamente o de 1971.

O investimento quase zero para 1972 devia-se à nova linha, que já estava sendo planejada desde o ano anterior, que foi flagrada pela equipe da revista *Quatro Rodas* na chácara da Willys, no dia em que o presidente e a diretoria da Ford estavam aprovando as novas frentes do 500 e do LTD Landau. Apesar dessa aprovação inicial, foram feitas algumas mudanças meses depois, com a escolha da mesma grade para os dois modelos e, para diferenciá-los, houve uma alteração nos faróis de ambos.

Naquela altura, nada era definitivo, e os protótipos ainda poderiam sofrer novas mudanças, conforme reportagem de janeiro de 1972, quando um Galaxie 500, que servia de base para novos estudos de grade e posição dos indicadores de direção, foi fotografado pela revista *Quatro Rodas*.

A decisão final sobre a nova linha seria tomada pelo próprio Lee Iacocca, presidente mundial da companhia, no dia 28 de fevereiro de 1972, na garagem do Depar-

À esquerda: uma das grades testadas para os novos modelos 1973. À direita: a apresentação do novo LTD Landau 1973 para os executivos da Ford americana.

tamento de Engenharia Experimental no Centro de Pesquisas Ford. Todas as novidades, a princípio, seriam apresentadas no Salão do Automóvel no final de 1972. Mas não foi isso o que aconteceu. Sabendo que a concorrência (Dodge) também viria com mudanças, a Ford resolveu antecipar o lançamento dos Galaxies e do LTD Landau para junho de 1972, e deixou o lançamento do Maverick marcado para novembro.

Quem saiu perdendo foi o Galaxie "pé de camelo", prontamente descontinuado por causa de suas baixas vendas e pela própria incoerência em sua proposta. Afinal, quem podia adquirir um Galaxie 500 ou um LTD Landau não ia desejar um carro com tão poucos luxos e privilégios. Números extraoficiais informam que foram produzidos menos de cem carros do modelo 1972 do Galaxie, por esse motivo, ele é um dos mais raros de se encontrar hoje em dia.

Apesar da nova linha, a Ford acreditava que ainda faltava a versão cupê para o Galaxie, pois a companhia almejava comandar as vendas em todas as categorias em 1973 – o Corcel na dos pequenos, o Maverick na dos médios e o Galaxie na dos grandes – e planejava disponibilizá-los nas duas versões. O projeto estava congelado desde 1968, mas em meados de 1972, depois de finalizado e aprovado, parecia que o Maverick ia deslanchar. Os trabalhos intensificaram-se e, finalmente, no dia 4 de novembro,

depois de quatro anos e vários estudos e protótipos, a Ford dos Estados Unidos aprovou preliminarmente o projeto do Galaxie cupê brasileiro.

A versão foi apresentada no pátio da fábrica ao lado das três versões do Maverick, as mesmas que estariam expostas no Salão do Automóvel, a três executivos americanos que vieram especialmente para a tarefa, que ficaram muito satisfeitos com o carro. Os executivos voltaram a Dearborn com todas as informações e decidiram partir para a segunda etapa do plano: uma pesquisa de opinião pública. A estratégia já havia sido desenvolvida com sucesso no projeto do Maverick em 1971, e novamente os potenciais compradores teriam o direito de dar a palavra final.

O protótipo tinha a nova linha 1973 como base, a caída do modelo cupê 1966 americano, bancos dianteiros separados, alavanca de câmbio com quatro marchas no assoalho, e acabamento interno de carro esportivo.

Os resultados foram excelentes e promissores, já que a grande maioria dos entrevistados deu nota 10 ao Galaxie cupê e aprovou sua fabricação no país. Infelizmente, porém, com a crise do petróleo de 1973, os planos da Ford foram definitivamente arquivados. Uma pena. Com o lançamento da nova linha, as vendas para o ano de 1972 saltaram para 5.231 unidades, uma melhora de 20 por cento.

1973

Depois de atravessar cinco anos com discretas alterações estilísticas, a Ford inovou consideravelmente o LTD Landau e o Galaxie 500. Não foi preciso esperar o Salão do Automóvel em novembro para vê-los. O lançamento da nova linha se deu na segunda quinzena de junho de 1972.

A frente dos carros, apesar de conservar os faróis duplos sobrepostos, trazia novos capôs, que se prolongavam sobre as grades redesenhadas. No Galaxie 500,

O LTD Landau 1973 não esperou o Salão do Automóvel para ganhar as ruas. O Lincoln, com os radiadores destacados, serviu para inspirar os LTDs Landau brasileiros.

O Galaxie 500 com novas feições. A partir de junho de 1972, esta foi a frente do 500.

a frente apresentava duas seções de três frisos finos horizontais intercalados por outros três mais grossos, todos acompanhando a nova saliência do capô. O capuz ganhou as letras F-O-R-D em dimensões menores, como no LTD Landau, que manteve a garbosa mira. Os indicadores de direção foram incorporados à meia altura; nos extremos da grade, próximos aos faróis. No LTD Landau, a grade era bem menor, inspirada nos modelos Lincoln Continental, e formada por um conjunto de frisos verticais localizados exatamente sobre a nova saliência, que lembrava um radiador. Também recebeu ao seu lado duas placas de metal pintadas na cor do carro, que abrigavam nas extremidades centrais as lanternas dos indicadores de direção.

A lateral manteve o mesmo perfil, mas o conjunto de frisos foi trocado. No Galaxie 500, foi instalado um conjunto longitudinal mais fino, de corpo duplo, com pintura preta entre os frisos; no LTD Landau, um triplo com detalhes também pintados de preto. Nos para-lamas dianteiros, o LTD Landau manteve seu emblema; no 500 este foi suprimido.

Nos para-lamas traseiros não houve novidade: os mesmos refletores e emblema em letra cursiva identificavam o Galaxie. As calotas raiadas no LTD Landau deram lugar a uma mais simples, estampada com frisos cromados entre as nervuras pretas, mas o luxuoso miolo cromado com acrílico vermelho e as letras L-T-D gravadas foi mantido. As calotas do Galaxie eram rigorosamente iguais, apenas recebiam o emblema da Ford no lugar do suntuoso miolo.

Na coluna traseira, o 500 ganhou novo emblema em forma de coroa; no LTD Landau repetiu-se o mesmo enfeite dos anos anteriores. A traseira redesenhada deu um ar mais leve ao carro.

As lanternas diminuíram e ganharam a forma trapezoidal, com um detalhe horizontal no centro. Na tampa do porta-malas o LTD Landau foi equipado com uma calha de fundo preto e frisos horizontais cromados, além de um novo emblema na parte central, ao estilo da mira do capô. No Galaxie 500, a moldura de alumínio anodizado com textura lisa abrigava as letras F-O-R-D, em baixo-relevo, pintadas na cor preta, em meio a outros dois frisos horizontais.

Os para-choques dianteiro e traseiro envolventes eram os mesmos do ano anterior: cromados, com as indefectíveis garras e luzes de ré incorporadas na própria peça. O teto de vinil, além do tra-

À esquerda: coerência e beleza eram as marcas dos novos LTDs Landau. À direita: a traseira do Galaxie 500. As lanternas lembravam as dos modelos 1970 americanos. No destaque, o novo emblema na coluna traseira dos Galaxies.

dicional preto, era também oferecido na cor areia, o que acrescentava requinte e beleza aos carros. Em 1973, eram oferecidas dezoito cores para a carroceria: amarelo-tarumã, azul-colonial, bege-palha (usada a partir de 3 de setembro de 1973), branco-nevasca, marrom-terracota, preto-bali, verde-angra, verde-tortuga, vermelho-cádmium, turquesa-tahiti (usada até 3 de setembro de 1973) e as metálicas azul real (usada até 3 de setembro de 1973), bronze-fogo, castanho-persa, prata-antares, vermelho-imperial, verde-sírius, verde-éden e turquesa-mônaco.

O interior do Galaxie 500 foi bastante modificado. O painel de instrumentos recebeu aplicações prateadas e novos grafismos para melhorar a leitura, e o mesmo aconteceu com o relógio. Os bancos passaram a ser forrados com jérsei preto, com costuras triangulares, adornos cromados e miolo imitando madeira nos encostos. Os forros de porta receberam os mesmos motivos triangulares dos bancos e novo friso trapezoidal invertido com o emblema Galaxie 500 em letra cursiva no centro. O tampão traseiro também teve seu desenho modificado, e o teto, ainda seguindo o padrão *moon crater*, passou a ser preto.

A combinação da carroceria marrom-terracota com o vinil areia enchia os olhos de qualquer admirador da linha Galaxie. A traseira, mais sofisticada, manteve a sobriedade.

O interior do LTD Landau não sofreu alterações significativas. O estofamento com o antigo desenho foi revestido totalmente com jérsei, mas sem as bordas de vinil dos anos anteriores. Apesar de equiparem os forros de porta dos modelos 1972/1973, os puxadores de couro não saíram nos modelos fabricados ao longo de 1973. No painel, a "régua" que imitava madeira foi substituída por outra prateada, assim como a do velocímetro.

Na mecânica, houve melhorias no sistema de arrefecimento. O motor ainda era o velho 292 que fazia os carros alcançarem a velocidade máxima de 158 km/h, conforme teste da revista *Quatro Rodas*. Apesar da repaginada, o diretor de relações públicas da Ford, Marc Raizman, afirmou: "Os carros não mudaram nada". Mesmo "nada" mudando, as vendas melhoraram e alcançaram 5.979 unidades, englobando o Galaxie 500 e o LTD Landau.

Acima, da esquerda para a direita: o painel do Galaxie 500, seu banco com nova forração e costuras e o forro de porta.
Embaixo, da esquerda para a direita: o painel do LTD Landau, seu banco, que era quase o mesmo do ano anterior, e o forro de porta do LTD Landau 1972/1973, que ainda trazia o puxador de couro.

1974

Apesar de a nova linha ter sido recém-lançada e estar à disposição dos interessados, a Ford dava sinais de que planejava novas modificações para o Galaxie e para o

A principal característica da nova linha Galaxie eram os faróis colocados horizontalmente, que, no LTD, ficavam escondidos pela grade.

LTD já em 1974. A inspiração para essas alterações recaía sobre o LTD americano de 1968, que possuía a frente de faróis duplos na horizontal coberta integralmente pela grade, enquanto o Galaxie ficaria com o conjunto óptico à mostra, traria uma grade diferente e possivelmente teria o fundo pintado em preto fosco, o que destacaria o largo friso central. O capô manteria sua saliência em ambos os modelos, mas no caso do Galaxie a grade não mais acompanharia essa ondulação. As lanternas dianteiras seriam deslocadas para as extremidades do para-lama, como nos Fords americanos de 1973, e para isso seriam necessários novos estampos para sua perfeita acomodação. A traseira permaneceria inalterada. Na mecânica, a Ford cogitou trazer seu motor mais famoso e vencedor,

de 7 litros, mas enquanto isso já testava o novo propulsor do Maverick nos futuros Galaxies, o não menos famoso V-8 com 302 polegadas cúbicas (4.942 cm³). Além das mudanças na carroceria e da adoção de um motor mais forte, a Ford poderia criar novos emblemas, frisos e calotas. No interior, a fábrica disponibilizaria novamente estofamentos e forrações coloridos, aumentando as características de luxo e conforto. Mas, no último trimestre de 1973, a tensão política no Oriente Médio chegou a níveis altíssimos. Por causa do apoio dos Estados Unidos às incursões de Israel nos territórios palestinos durante a Guerra do Yom Kippur, deflagrada em 6 de outubro de 1973, os países árabes membros da Organização dos Países Exportadores de Petróleo (Opep), em retaliação, diminuíram

drasticamente a extração e o processamento do "ouro negro". Isso forçou uma majoração na ordem de 300 por cento no preço de cada barril da *commodity* e deu início à malfadada crise do petróleo, que afetou de modo sensível toda a economia mundial e feriu mortalmente a era dos carros grandes e beberrões. Por conta desse imbróglio histórico e do maciço montante de recursos dispensados para a produção e o lançamento do Maverick no Brasil, a Ford decidiu abortar o projeto do motor de 7 litros e atrasar um pouco mais a entrada da nova linha, fato que também pode ser explicado pelo ligeiro aumento das vendas.

Provavelmente por conta desses fatores, os modelos Galaxie e LTD Landau para 1974 quase não foram modificados. Externamente, apenas foram acrescidas oferta de cores novas: azul-regata, vermelho-jambo e as metálicas azul-nautilus, azul-portela, azul-real, ouro-libra, verde-mangueira e vermelho-salgueiro. No interior, o afogador passou para o lado da coluna de direção. Com isso, era possível dizer que os carros nada mudaram. E mesmo com as poucas novidades e o aumento cavalar no preço da gasolina, as vendas foram melhores do que as do ano anterior. Em 1974, a fábrica da Ford no Ipiranga produziu 6.110 unidades, entre Galaxie 500 e LTD Landau, o terceiro melhor ano desde seu lançamento em 1967. Vale ressaltar que a partir do segundo semestre os LTD Landaus começaram a apresentar alguns detalhes do futuro modelo 1975, como o emblema da coluna traseira e o painel de instrumentos sem aplicação de madeira, que foi substituída por uma simplória pintura preta. Esses carros ficaram conhecidos como série 2, portanto se alguém se deparar com um LTD Landau fabricado a partir de julho de 1974 com essas características pode ficar tranquilo que o carro não apresenta nenhuma modificação indesejada.

1975

Em 1975, a Ford novamente pouco acrescentou à linha Galaxie. Pode-se dizer que nesse ano a fabricante mais tirou que acrescentou. As cores eram as mesmas de 1974, somando-se apenas azul-genebra, bege-sândalo, cobre-cigano, marrom-conhaque, ouro-antigo, verde-itanhangá e vermelho-derby. As calotas do LTD Landau foram substituídas pelas do Galaxie 500, com a diferença de que seu emblema era pintado de magenta. O emblema Ford-O-Matic que identificava os modelos automáticos desapareceu dos para-lamas dianteiros. No Galaxie 500, os frisos cromados das colunas centrais foram pintados de preto.

No interior, foram feitas mudanças discretas. O aro de buzina no volante ganhou um novo emblema, igual ao da calota, em vermelho, e contorno cromado, e passou a ser preto, assim como a haste do espelho retrovisor, que agora contava com o recurso de rebatimento. No LTD, a madeira na base do painel e no emblema da coluna traseira foi substituída por uma pintura preta, voltando à mesma estética da série 2 de 1974. Os forros de porta perderam os emblemas que identificavam cada modelo. E, no LTD Landau, os painéis das portas, os bancos e o tampão traseiro não mais apresentavam os botões revestidos de couro. Além do vinil preto e areia, o marrom passou a figurar

Acima: para não dizer que o Galaxie 500 era rigorosamente igual ao modelo 1974, o friso central da moldura das portas foi pintado de preto. Embaixo: o LTD Landau, praticamente sem modificações externas. Seu painel não apresentava mais a aplicação de madeira – ela foi substituída por pintura preta. Outro detalhe suprimido foi o emblema "Landau" do forro da porta.

como opcional na forração externa do teto. Na mecânica, nada a ressaltar, apenas a adoção do prático pisca-alerta de emergência.

O ano de 1975 com certeza não foi o mais marcante para os Galaxies, pois suas linhas já se mostravam defasadas, e o motor, sem fôlego, tinha sinais claros de esgotamento. A queda nas vendas mostrou que já passava da hora de radicalizar, pois foram vendidas apenas 4.654 unidades, um tombo de mais de 20 por cento.

Na edição de fevereiro de 1975, a revista *Quatro Rodas* já adiantava as novas linhas. Foram redesenhados e modificados a frente, a traseira, o interior, os frisos, as calotas e o principal: o motor. Naquela época, ainda se cogitava trazer um *big block* (família de motores de bloco grande) para equipar os novos Galaxie e LTD Landau, e a bola da vez era o 351 (5.769 cm³), o mesmo do Mustang Mach I 1973. Mas ainda era muito cedo para afirmar qualquer coisa, e a companhia continuava a trabalhar para poder apresentá-los até o final do ano. Enquanto a Ford estudava qual seria o motor mais adequado, a Caltabiano, uma concessionária Ford de São Paulo, fazia suas próprias experiências. Um Galaxie 500 de 1974 teve seu 292 substituído por um 302 do Maverick GT, mas

com carburação Quadrijet, o que aumentou substancialmente o seu desempenho. Na melhor passagem do teste patrocinado pela revista *Autoesporte*, o Galaxie cravou incríveis 180 km/h e manteve uma média de quase 178 km/h.

Coincidentemente, poucos dias depois de a revista chegar às bancas, a Ford deixou vazar a informação de que estava planejando e testando a adoção do motor 302 do Maverick GT nos novos Galaxies para 1976. Os experimentos com os motores 302 contudo não pararam por aí: em setembro a mesma *Autoesporte* publicou um novo teste, no qual testou a carburação de dois corpos originalmente utilizada nos Mavericks, e a transformação se deu novamente nas dependências da Caltabiano. Os resultados foram satisfatórios. Tanto a velocidade máxima como a média diminuíram, mas se mantiveram em patamares bem superiores aos 150 km/h dos velhos 292, alcançando 170 km/h. Da imobilidade aos 100 km/h foram gastos 10,9 segundos. Com os resultados extraoficiais indicando que o motor 302 dava efetivamente mais desempenho e segurança aos carros adaptados, era só esperar o lançamento oficial para a comprovação final. E não seria preciso esperar muito.

1976

Depois de muita especulação e ansiedade, em 19 de novembro de 1975 a nova linha

Galaxie ganhou as ruas com o tão aguardado motor 302 do Maverick GT, conhecido po-

LTD de 1976, de categoria intermediária mas não menos galante.

Acima: o novo motor 302 – melhor relação peso-potência. À direita: a traseira com identidade própria.

pularmente como "canadense" (muitos não sabem que o 302 também foi produzido no México). O novo propulsor fazia o carro atingir 160 km/h de velocidade máxima, com regulagem original de fábrica e equipado com o câmbio manual, e 153 km/h, com o câmbio automático. Desde seu lançamento comercial em 2 de abril de 1967, a linha não tinha passado por modificações tão profundas de estilo como nesse momento.

A partir de 1976, com o desmembramento do LTD Landau, a linha passou a

A frente do Galaxie 500 era exclusividade do modelo. Apresentava faróis recortados na grade cromada.

contar com três modelos distintos: o velho conhecido Galaxie 500 ficou como veículo de entrada, e houve a volta do LTD, dessa vez como versão intermediária, e a estreia do Landau, como o mais luxuoso e bem-acabado da família. Quem não fosse devidamente apresentado ao carro poderia imaginar que estava diante de um Lincoln Continental. Os carros ficaram maiores, com o comprimento total passando de 5,33 m para 5,41 m. A largura era a mesma: 1,99 m. A clássica "frente em pé" foi finalmente aposentada depois de quase uma década e deu lugar a uma bem mais atual e moderna, inspirada nos Fords americanos de 1973.

Os faróis continuaram duplos e circulares, mas agora eram dispostos na horizontal, com grandes indicadores de direção verticais no extremo dos para-lamas, redesenhados especialmente para recebê-los. No LTD e no Landau, os faróis eram encaixados em uma moldura na cor do carro, enquanto no Galaxie 500 eram recortados pela grade de frisos horizontais cromados. No LTD e no Landau, a grade era formada por um conjunto de frisos cromados verticais dispostos na frente do radiador, que acompanhavam a saliência do capô; esta foi alargada e continuava trazendo as mesmas letras F-O-R-D cromadas. A mira adornava apenas o Landau, que trazia outras exclusividades, como o vidro traseiro menor e a nova e reluzente cor prata-continental. A mesma tonalidade foi usada no vinil do

teto, agora com a textura de couro de cobra, também usada no LTD e, como opcional, no Galaxie 500, motivo pelo qual o Landau desse ano seria mais conhecido entre os admiradores da linha como série prata, nomenclatura que a Ford nunca usou oficialmente. As rodas receberam as mesmas calotas do Lincoln americano: eram feitas de aço, e miolo preto ornado com o emblema da mira.

O suntuoso interior tinha forros de portas e estofamentos revestidos em *jacquard* preto, com motivos florais dourados, e eram dotados de bolsa atrás dos bancos dianteiros, forração interna do teto prata, nova luminária de teto com luzes auxiliares de leitura com foco dirigido e controles individuais, carpete extranáilon de 15 mm de espessura, vidros climatizados

(verdes) e emblema Landau com tipologia cursiva, anteriormente presente nos forros de porta dianteiros. Na carroceria prata continental, foram pintados filetes pretos paralelos coincidentes com as extremidades que contornam todo o relevo do capô, assim como a linha de cintura lateral.

Importante: os filetes nunca foram pintados no LTD de 1976 em diante, portanto o único LTD (e não LTD Landau) que veio de fábrica com essa decoração foi o modelo de 1970. Embora o Landau estivesse disponível a princípio apenas na cor prata padrão, o comprador podia encomendá-lo em preto-bali com teto de vinil preto, o preferido dos órgãos governamentais e dos executivos de grandes empresas. O para-choque dianteiro ainda envolvente foi redesenhado e ganhou uma cinta de borracha

Com os novos paralamas, o Landau ficou ainda mais comprido: 5,41 m. A Ford utilizou as calotas do Lincoln para ornar as rodas de seu topo de linha. Em 1976, os filetes voltaram, mas apenas no Landau. Nos destaques, o novo emblema da coluna traseira do Landau, aplicado sobre vinil com a textura couro de cobra.

Cada modelo possuía um painel traseiro diferenciado. À esquerda: o Landau. No centro: o LTD. À direita: o Galaxie 500.

em toda a sua extensão. O espaço destinado à fixação da placa foi deslocado para o lado direito da peça, e foi feita uma abertura horizontal para aumentar a refrigeração do motor. A lateral ganhou um aspecto diferente com os novos para-lamas, mas as portas, a coluna traseira e as fendas na lataria eram as mesmas, assim como os conjuntos de frisos. As calotas para o Galaxie 500 e o LTD eram as mesmas de 1975, com miolo magenta no LTD e preto no Galaxie.

Na nova traseira do Landau, o conjunto óptico era formado por três elementos retangulares vermelhos envolvidos por um friso cromado de cada lado, unidos por uma chapa de alumínio acetinado com a mira de fundo vermelho no centro e as letras F-O-R-D do lado esquerdo. Na traseira do LTD, havia somente as letras F-O-R-D em maior escala, e o mesmo se aplicava ao Galaxie, com o detalhe de que as letras eram aplicadas diretamente na lataria do carro. Nas colunas traseiras foram fixados novos emblemas para o LTD (circulares, com molduras cromadas, fundo preto com as letras L-T-D e coroa na parte inferior, circundado lateralmente por

dois ramos de louro); no Landau, o emblema era o mesmo que enfeitava a tampa dos porta-malas dos LTD Landau 1971/1972. O emblema "Galaxie 500" migrou do para-lama traseiro para o lado direito da tampa do porta-malas.

Por falar em porta-malas, o do Landau era muito bem-acabado, com laterais, parte traseira e estepe revestidos com carpete cinza-escuro; o do Galaxie recebeu apenas um tapete que cobria sua superfície e deixava as laterais desnudas, uma falha considerada inaceitável pelo padrão de excelência que a Ford presumidamente queria imprimir ao modelo. O para-choque traseiro era o mesmo dos anos anteriores: cromado, envolvente, com luzes de ré incorporadas e garras, agora deslocadas para a parte central da peça. Internamente, havia mais inovações. O painel foi finalmente remodelado e passou a ser fabricado de plástico ABS acolchoado, dando mais segurança em caso de acidentes, mas manteve o velocímetro de escala horizontal e todos os comandos e luzes de serviço nas posições tradicionais.

Houve substituição dos apliques prata por preto (superior), e por um que imitava madeira (inferior) no LTD e no Landau, e permaneceram os pretos no Galaxie. O LTD era dotado de forros de porta de vinil e estofamentos de jérsei, com novo desenho de trapézios sobrepostos e detalhes verticais. O forro de porta do Galaxie 500 perdeu o friso cromado que o adornava desde 1973, ficando apenas o desenho com motivos triangulares. Nos três modelos, o tampão traseiro foi redesenhado, e agora se apresentava liso.

Em 1976, as cores disponíveis eram o amarelo-jarama, o amarelo-vila-rica, o branco-nevasca, o marrom-madeira, o preto-bali, o verde-capri, o turquesa-laguna e as metálicas bronze-lancer, marrom-ginger, ouro-libra (apesar do mesmo nome da cor dos modelos para 1974, esse novo ouro-libra era um pouco mais claro), verde-oásis e prata-continental (disponível apenas para o Landau). O teto do 500 e do LTD podia

vir revestido com vinil preto, areia e marrom. Com a nova linha, as vendas deram um salto significativo, e a Ford encontrou interessados para 7.063 carros, o que representou o terceiro melhor ano em vendas de toda a história do Galaxie, ficando atrás apenas de 1967 e 1968.

No alto, à esquerda: o Landau e o LTD compartilhavam o mesmo painel. No alto, à direita: o painel do Galaxie 500 diferenciava-se pela falta da aplicação de madeira; de resto, era exatamente igual aos outros carros da linha. Embaixo, à esquerda: o novo forro de porta do LTD. Embaixo, no centro: seu interior. Embaixo, à direita: o redesenhado forro de porta do Galaxie 500.

1977

A linha Galaxie completava dez anos no mercado automobilístico, com público fiel e bem definido, apesar de suas dimensões exageradas, excesso de cromados, interior com bancos inteiriços, painel sem instrumentos de precisão confiáveis e outros luxos que equipavam os carros importados, como vidros, retrovisores e travas elétricas. Para 1977, com todos os esforços da Ford voltados para a finalização e o lançamento do Corcel II, os carros da linha Galaxie permaneceram rigorosamente iguais, sendo oferecidos apenas em cores novas e com pouquíssimas inovações mecânicas. As carrocerias para os modelos desse ano, o mais sem graça da história do Galaxie, podiam ser pintadas em amarelo-interlagos, areia--casablanca, azul-elite, branco-nevasca, ocre-damasco, preto-bali, turquesa--monarca e vermelho-mustang, além das metálicas azul-surf, marrom-florentino, vermelho-itamaraty e prata-continental – esta apenas para o Landau, que opcionalmente poderia ter o teto revestido de vinil preto. Na mecânica, houve somente a substituição do cilindro-mestre simples pelo duplo no sistema de freios, tornado obrigatório pelo Conselho Nacional de Trânsito. De resto, era tudo igual. As poucas mudanças e a crise do petróleo afetaram sensivelmente as vendas, que despencaram para apenas 2.965 unidades produzidas. Foi o pior ano de vendas, considerando os três modelos simultaneamente em produção.

1978

O LTD antes das melhorias da Série II era o mesmo de 1976 e de 1977. A nova cor bege-champagne caiu muito bem no LTD.

Pelo que se observou na apresentação da nova linha 1978 em novembro de 1977, a situação desfavorável para a linha Galaxie deveria permanecer, pois eram novamente os mesmos carros com cores diferentes. Apenas o Landau trazia alguma novidade: saía o prata-continental, entrava o cinza--executivo metálico. O interior de *jacquard* permaneceu intocado. No Galaxie 500 e no LTD, mais do mesmo nas cores azul-ultra--marinho, branco-nevasca – que para os modelos desse ano em diante ficou popularmente conhecido como branco-nevasca II, por ter um aspecto um pouco mais "sujo" –, o indefectível preto-bali, além das metálicas azul-surf, bege-champagne, cinza-executivo (exclusivo do Landau), marrom-florentino e verde-plaza. Conforme folheto oficial Selecto Cor FORD.

Com as vendas sem decolar, a Ford deu uma repaginada na linha em abril de 1978, oferecendo, além de segurança, acabamento mais adequado. Portanto, a Série I, como ficou conhecida essa primeira "fornada" dos modelos 1978, foi sucedida pela Série II. Essa informação pode parecer redundante, mas os carros explicam muito bem isso. O Landau abandonava definitivamente o estilo de gosto duvidoso da "série prata" para adotar uma aparência mais sóbria e atraente. Na carroceria, havia a cor padrão, cinza-executivo metálico, agora com filetes pintados em branco-marfim,

e o vinil do teto era disponível apenas na cor preta. Para o LTD, a forração de vinil marrom ganhou tonalidade mais escura. O Galaxie 500, apesar de todas as novidades, não mudou nada externamente.

A escolha da Ford foi acertada, pois esteticamente o conjunto ficou mais coerente e deu mais classe e requinte a seus proprietários. Além do exterior, os carros também mudaram bastante internamente: novos forros de porta para o Landau, o LTD e o Galaxie 500, sendo que nesse último apenas foi trocado o forro com desenhos triangulares pelo do antigo LTD, com os trapézios invertidos.

Em sentido horário, da esquerda para a direita: o novo forro de porta do Landau, do LTD e do Galaxie 500. O interior do Galaxie 500, do LTD e do Landau. A nova forração dos bancos resolveu o antigo problema de deslizamento do condutor em curvas mais fechadas.

O tratamento acústico foi apurado com o uso de feltros especiais, o teto interno foi revestido com vinil branco perfurado, os bancos foram redesenhados na estrutura e forrados com tecido mais aderente, o Kasman II (cinza-claro ou escuro

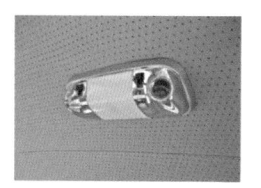

O teto recebeu novo revestimento de vinil perfurado.

O painel com o novo volante de quatro raios e o emblema da Ford ao centro, detalhe que ficou restrito aos modelos 1978. Alavancas de câmbio e pisca-piscas pintados de preto com pontas cromadas.

no Landau, preto no LTD e no Galaxie 500), diminuindo assim o problema clássico de deslizamento. O LTD ganhou bolsas posicionadas na parte posterior do banco dianteiro. O Landau era equipado com rádio AM/FM estéreo com toca-fitas, quatro alto-falantes com regulagem de balanço e antena elétrica, sendo opcional para os outros modelos. Também opcional para o Galaxie 500 e de série para o LTD, havia um rádio AM/FM com dois alto-falantes. As alavancas de câmbio e o indicador de direção passaram a ser pretos, apenas com as pontas cromadas. Havia o retrovisor dia/noite para o Galaxie 500, e toda a linha vinha com cintos de segurança subabdominais retráteis, painel de instrumentos com moldura modificada, relógio de quartzo e volante de quatro raios, com o emblema da Ford ao centro.

Além de tudo isso, acrescentou-se um útil temporizador no sistema dos limpadores dos novos para-brisas laminados, climatizados (verdes) e degradês de série, mas a Ford não se preocupou naquele momento com a ergonomia, pois o limpador normal continuou a ter seu comando na posição tradicional, enquanto o intermitente era acionado por um inconveniente botão escondido sob o painel.

O Landau e o LTD receberam pneus radiais G800 da Goodyear com faixa branca nas medidas 215/70R15 montados nas novas rodas de 6 polegadas, enquanto o Galaxie 500 trazia o velho dia-

gonal 8,25-15 de quatro lonas, ainda nas rodas de 5 polegadas. Na mecânica, as inovações ficaram a cargo da suspensão recalibrada, que dava mais estabilidade, e freios a disco ventilados com duplo-circuito e servoassistidos, reduzindo o esforço do motorista ao utilizá-lo. Esse sistema garantia freadas mais seguras, com manutenção da trajetória mesmo em emergências e em velocidades superiores a 120 km/h.

Com todas as inovações, a linha Galaxie melhorou muito suas vendas, com acréscimo de mais de 60 por cento em relação ao ano anterior, e a fábrica do Ipiranga colocou 4.754 unidades nas mãos dos compradores.

1979

A Ford demorou, mas finalmente percebeu que precisava melhorar os carros e fazer frente à concorrência, principalmente à nova linha Dodge, totalmente redesenhada. Com o reflexo positivo das melhorias da Série II na venda dos carros, a fabricante decidiu fazer mais um *upgrade* em seus grandes sedãs, dessa vez bem mais extenso na parte mecânica, deixando o estilo praticamente inalterado, apenas um preto aqui e outro ali. O Departamento de Engenharia Mecânica dos Estados Unidos desenvolveu um intenso trabalho de aperfeiçoamento dos motores brasileiros, que resultou em três novidades importantes para os modelos 1979. Uma delas foi a embreagem hidrodinâmica para acionamento do ventilador do motor, que funcionava por meio de um fluido, o silicone, que se torna mais viscoso com o aumento da temperatura. O sistema em si não ajudava na refrigeração, mas graças à embreagem hidrodinâmica o ventilador deixava de funcionar em velocidades típicas de viagem e o motor podia apresentar um ganho de potência de até 10 cv nas rotações mais elevadas, o que resultava numa ligeira melhora de consumo. Para otimizar o funcionamento do motor, finalmente os carros da linha receberam ignição eletrônica, o que aposentou definitivamente os velhos condensadores, os platinados e os constantes serviços de distribuidor. Além

disso, um radiador maior e mais eficiente foi instalado para tentar resolver os problemas crônicos de superaquecimento do carrão. Um novo câmbio automático com conversor de torque maior e com relação de diferencial diminuída de 3:31 para 3:07, portanto mais longo, proporcionava um rodar mais suave e econômico.

A carburação também foi alterada, com a adoção de um carburador de corpo duplo com venturis variáveis, o que proporcionava melhor formação da mistura ar-gasolina em todas as rotações do motor. O sistema era integrado por uma válvula com diafragma, acionada a vácuo, que dimensionava a entrada de ar conforme as necessidades do motor. Além disso, havia uma segunda válvula, que trabalhava em conjunto com o sensor de temperatura. Esse foi um dos motivos que fez a clássica luz-espia azul, que indicava se o motor ainda estava frio, ser retirada do painel. Com a mudança do carburador, uma nova carcaça do filtro de ar de alumínio foi adotada para se integrar ao novo sistema. Outra inovação mecânica que não foi muito divulgada refere-se ao afogador automático elétrico, que dispensava o controle manual da mistura quando era dada a partida com o motor frio. Para acioná-lo, bastava pressionar o pedal do acelerador até o fundo e deixá-lo retornar à posição normal.

Esse movimento colocava o sistema em funcionamento e se desarmava em até 2 minutos, tempo suficiente para o motor aquecer o suficiente para ter seu funcionamento normalizado.

Outra novidade foi a troca do tanque de gasolina de 76 litros para 107 litros, o que conferia maior autonomia para os carros e aliviava a preocupação dos seus donos nos fins de semana – na época os postos de gasolina, por causa da crise do petróleo, fechavam às 20 horas na sexta-feira e abriam novamente apenas nas manhãs de segunda-feira. Também houve a preparação dos carros para os novos modelos a álcool, com maior consumo, que seriam lançados no final de 1979. Exteriormente ocorreram poucas mudanças, como a adoção da nova e exclusiva textu-ra corrugada do vinil do Landau, permanecendo o "couro de cobra" como de série para o LTD e como opcional para o 500. Conforme o boletim Notícias Ford nº 108 de 24 de outubro de 1978, as novas cores, além do cinza-executivo (exclusivo para o Landau) e dos tradicionais branco-nevasca II e preto-bali, eram o amarelo-igaratá e as metálicas bege-champagne, bronze-apolo, turquesa-viena e verde-sagitário.

O modelo mais modificado externamente foi o Galaxie 500. Na frente, a cromagem da grade foi aposentada e substituída por uma pintura na cor preta. O painel traseiro também teve a superfície pintada de preto, mas mantiveram-se os frisos nas bordas, além do logotipo F-O-R-D em letras cromadas.

O Landau se superava em beleza a cada ano. Em 1979, os aperfeiçoamentos mecânicos se sobrepuseram à estética, mas o carro continuou chamando atenção por suas belas linhas. No destaque, vinil do Landau com sua nova e exclusiva textura corrugada.

No alto: os "borrachões" de PVC passaram a revestir o conjunto de frisos do LTD e do Landau. Embaixo: no seu adeus, o Galaxie 500 ganhou agressivo visual esportivo (a Ford não economizou nos detalhes pretos). A traseira com o painel preto deixou o Galaxie 500 com ar mais jovial. Os frisos do para-lama dianteiro foram retirados.

Os frisos dos para-lamas traseiros e dianteiros foram retirados, permanecendo apenas os fixados nas portas, que receberam revestimento de PVC. Os "borrachões" também foram instalados no Landau e no LTD, que conservaram todo o seu conjunto de frisos, inclusive os laterais traseiros. No LTD, a moldura de alumínio acetinado que liga as lanternas traseiras foi pintada de preto, deixando as letras L-T-D vazadas; as antigas letras F-O-R-D que ornavam a peça foram substituídas por um conjunto de maiores dimensões e migraram para o lado direito da tampa do porta-malas. No Landau, a moldura do painel foi pintada de preto, e as letras F-O-R-D que ficavam do lado esquerdo foram suprimidas, permanecendo apenas o adorno da mira no centro; o emblema "Landau" em letra cursiva foi deslocado para o lado esquerdo da tampa do porta-malas, e as novas letras F-O-R-D foram para o lado direito da peça.

As frentes do Landau e do LTD praticamente não mudaram, apenas foi feita uma pintura preta em parte dos frisos da grade, alternando-se, assim, os cromados e as molduras internas dos faróis. Partes das colunas das portas também receberam parcialmente pintura em preto fosco, dando a impressão de que foram suprimidas. Outro detalhe que passou despercebido

O novo painel da linha 1979 trazia as aberturas do ar-condicionado integradas, dando mais espaço e conforto aos passageiros que iam na frente.

por muitos foi a adoção das rodas de 6 polegadas para o Galaxie 500. No interior, a maior inovação foi a integração total do ar-condicionado ao painel do carro, o que deu mais espaço e conforto aos passageiros que iam na frente. O temporizador dos limpadores de para-brisa, por causa de sua péssima localização, foi transferido para o pé da coluna de direção onde antigamente estava localizado o afogador.

Outra pequena e quase imperceptível modificação foi a troca do logotipo oval da Ford pela coroa estilizada, com dois ramos de louro no centro do volante de quatro raios.

Em geral, os carros estavam muito mais bonitos e bem-acabados, principalmente o Galaxie 500, que rejuvenesceu com as aplicações pretas e ficou mais atraente e esportivo. Com a melhora nas vendas, e por causa da comemoração dos sessenta anos de fundação da Ford Motor Brasil, a companhia lançou uma edição especial de apenas trezentas unidades do Landau. O carro era rigorosamente o mesmo, apenas foi pintado na exclusiva cor bordeaux-scala metálico e recebeu uma plaqueta alusiva ao sexagésimo aniversário na tampa do porta-luvas.

O Landau edição especial e sua exótica cor bordeaux-scala metálica. A Ford, ao longo de 1979, produziu apenas trezentos exemplares. Na época, não agradou muito, pois a maioria dos compradores de Landau preferia o cinza-executivo ou o preto-bali. No destaque, a plaqueta instalada na tampa do porta-luvas certificava a edição especial.

Na época, os carros não foram muito bem recebidos, pois os proprietários de Landau – entre eles, representações diplomáticas e governamentais, empresários, executivos e comerciantes bem-sucedidos – preferiam o cinza-executivo ou o preto-bali. Para os carros não encalharem nas concessionárias muitos deles foram pintados, fazendo os ainda originais bordeaux-scala serem muito valorizados e difíceis de encontrar hoje em dia. Em junho, um fato sem precedentes na história dos míticos motores V-8 aconteceu em solo brasileiro. No dia 25 foi entregue ao presidente João Baptista de Oliveira Figueiredo o primeiro Landau com motor a álcool – e V-8 – do mundo. As vendas para o público consumidor seriam liberadas a partir de abril de 1980.

Apesar de as vendas em 1979 se mostrarem melhores que as do ano anterior, com 5.061 unidades produzidas, sendo 22 a álcool, a Ford decidiu extinguir o Galaxie 500. O modelo, na época obsoleto e defasado, que havia doze anos entrara

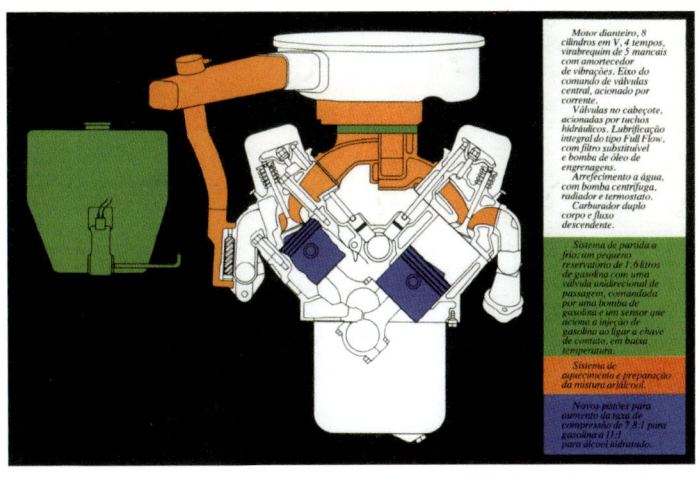

Radiografia do primeiro motor V-8 a álcool do mundo, que era do Landau.

no mercado para ofuscar todos os outros carros nacionais, já vinha mostrando sinais indeléveis de cansaço e esgotamento. Apesar de tudo, cumpriu com galhardia, fidalguia, classe e requinte o destino de dar aos brasileiros um carro à altura de seus sonhos. Deixou saudades.

1980

Os planos da Ford para a retirada estratégica dos seus grandes sedãs do mercado começaram a ser tramados em 1978. A companhia estudava um veículo menor e mais adequado para aquele momento histórico, já que o projeto do Galaxie vinha dos longínquos anos 1960 e se mostrava

totalmente improcedente, não só estética como economicamente, pelo agravamento da crise do petróleo causada pela revolução islâmica no Irã, um dos maiores produtores do mundo. Além da questão política, as previsões dos estudiosos mais alarmistas do assunto datavam o ano 2000 para o início do colapso total das reservas mundiais de petróleo.

A base do futuro carro seria o Corcel II, que pelo projeto teria suas linhas reestilizadas, com a capota alterada, várias mudanças no restante da carroceria e um interior completamente remodelado. A Ford pretendia com o novo Corcel (ou projeto Ômega, como era chamado internamente) aprimorar as características de um produto que tinha alcançado grande sucesso entre os consumidores brasileiros. Apesar da saída lenta e gradual dos LTD e dos Landau, a empresa ainda manteria o mesmo conforto que marcou indelevelmente a história da linha, e implementaria uma mecânica mais moderna e econômica. Enquanto isso, os remanescentes guerreiros de cromo apresentavam novas cores e detalhes. O Landau teria, a partir de novembro de 1979, quando foi apresentada a nova linha 1980, a aparência dos carros de uso exclusivo da presidência da Ford no Brasil. Saía o cinza-executivo para a entrada do lindíssimo azul-clássico metálico, que o deixava ainda mais classudo e bonito. Externamente, além da nova cor, o modelo teve os refletores dos para-lamas traseiros substituídos por lanternas vermelhas em forma de cápsula integradas na peça, oferecendo mais segurança e visibilidade durante o tráfego noturno. Outra novidade foi a adoção do espelho retrovisor em forma de concha com comando interno de regulagem.

Internamente, os bancos foram reestruturados, com molas modificadas na bitola e na curvatura, ganhando desenho mais anatômico. Eram fabricados com camadas de espuma de poliuretano apoiadas em uma base de fibra de coco e aglomeradas com látex, e forrados com o tecido Kasman II

A nova cor exclusiva do Landau em 1980, azul-clássico, era até então de uso exclusivo dos carros da presidência da Ford do Brasil. No para-lama traseiro, o velho refletor foi substituído. O novo espelho em concha era controlado internamente.

À esquerda e no centro: detalhes do interior do Landau 1980. Esse foi o último forro de porta desenvolvido para os Landaus. À direita: o opcional interior revestido com o tecido Kasman II cinza-claro.

cinza-grafite ou cinza-claro (este apenas por encomenda). Os forros de porta foram redesenhados, com destaque para o "T" invertido que imitava madeira. O teto e os para-sóis tiveram o revestimento de plástico perfurado trocado por um tecido com melhor isolamento acústico. Outro acessório indispensável para um carro da categoria do Landau foi enfim colocado à disposição: o comando interno elétrico para abertura do porta-malas, acionado por um botão instalado no porta-luvas.

Na mecânica, a Ford disponibilizaria, a partir de 1980, todos os Landaus somente com câmbio automático, além de sistema de escapamento duplo para os dois modelos, o que os deixou ainda mais silenciosos.

O LTD apresentava poucas e sutis modificações em 1980. O modelo era oferecido nas cores amarelo-igaratá, branco-nevasca, preto-bali, e as metálicas azul-gemini, bege-champagne, marrom-lontra e verde-itapeva, que constam no folheto oficial "Acompanhe a evolução do silêncio –

Novidades do FORD LTD 80". Como no último Galaxie, os frisos dos para-lamas dianteiros e traseiros foram retirados. Na frente, a cinta de borracha que envolvia o para-choque foi eliminada. O interior também recebeu a mesma estrutura dos bancos do Landau, com revestimento de caxemira preto, mas com um desenho que misturava o antigo modelo dos trapézios invertidos no encosto; no assento, o mesmo padrão que seria empregado no Landau 1981. O vinil que revestia o teto ainda era disponibilizado nas cores preta e marrom, com a tradicional textura "couro de cobra".

Como nos Galaxies de 1979, boa parte dos frisos do LTD foi retirada. A cinta de borracha foi eliminada do para-choque dianteiro do LTD.

Em abril de 1980, a Ford lançou no mercado brasileiro os únicos motores V-8 302 a álcool do mundo, identificados com uma plaqueta instalada no para-lama dianteiro.

A partir do dia 1º de abril, as vendas dos carros movidos a álcool foram liberadas para o público consumidor. Paralelamente, os impostos incididos sobre o novo combustível foram cortados pela metade em relação aos da gasolina, e os prazos de financiamento para aquisição dos novos carros foram prolongados. Os preços dos carros a álcool mantiveram-se iguais aos que rodavam com gasolina, pois o governo não permitiu o aumento, prevalecendo a ideia de que os gastos das fábricas para desenvolver a tecnologia do álcool deveriam ser considerados investimentos normais em busca de aperfeiçoamento do produto. As únicas diferenças

estéticas entre o Landau e o LTD a álcool e a gasolina eram o pequeno emblema retangular (herdado do Corcel) no para-lama dianteiro e um adesivo na vigia traseira, ambos identificando o modelo a etanol. Os novos motores movidos a etanol eram equipados com um coletor de admissão de alumínio para melhorar a queima da mistura ar-álcool e uma nova bomba de combustível.

A taxa de compressão aumentou de 7,8:1 para 11,0:1, com a instalação de novos pistões de cabeça mais alta, para compensar o baixo poder calorífico do álcool e, ao mesmo tempo, aproveitar a maior resistência do álcool à detonação. O problemático carburador de venturi variável, que deixou muitos proprietários a pé por causa de sua difícil regulagem e foi motivo de recall por parte da Ford, não foi mais utilizado nas versões a gasolina, sendo substituído pelo Motorcraft que equipou os Galaxies de 1976 até 1978; com isso, a antiga carcaça do filtro de ar que o acompanhava foi novamente recolocada. Para os modelos a álcool, a empresa DF Vasconcelos desenvolveu uma versão do velho DFV444, o mesmo que equipou os carros entre 1967 e 1975, com modificações em seu giclês e difusores, além de um novo injetor, mais resistente, com banho químico anticorrosão, e carcaça de alumínio, que continuou a ser utilizada apenas nos motores a álcool. Completando as alterações, foi desenvolvido um sistema auxiliar automatizado de partida para os dias frios, formado por um reservatório de 2 litros para gasolina, uma bomba elétrica e um sensor de temperatura colocado num dos cabeçotes do motor. O sistema era acionado automaticamente pela ação da chave no contato quando a temperatura estivesse abaixo de 20 °C; se a temperatura estivesse abaixo de 5 °C, era preciso injetar mais gasolina no coletor, e para isso pressionava-se a tecla de partida auxiliar.

Além disso, havia um afogador manual destinado a melhorar o comportamento do motor enquanto a temperatura adequada de funcionamento não atingisse o ponto certo para a vaporização do álcool. O consumo e o desempenho dos novos motores a álcool se mostraram superiores, com 154 cv (potência líquida ABNT) e 35,6 m·kgf (torque líquido ABNT) de torque, enquanto os movidos a gasolina desenvolviam 154 cv e 33,3 m·kgf de torque, pela mesma norma. Para um Landau ou LTD sair da mobilidade e atingir 80 km/h eram necessários apenas 9 segundos; para atingir 100 km/h, 13,1 segundos. A velocidade máxima era de 167 km/h. O consumo médio era de apenas 4 km por litro (25 por cento a 30 por cento maior), mas como o preço do álcool era 35 por cento inferior ao da gasolina, a vantagem em termos de custo por quilômetro ainda ficava para quem optasse pelo álcool.

Uma das coisas que pouca gente sabe é que a Ford inicialmente planejava equipar os Landaus e os LTDs a álcool com o carburador Motorcraft 2150, que equipou os Mavericks V-8, a linha Galaxie 76/78, e posteriormente os Landaus 1982 e 1983 e os LTDs 1980 e 1981.

Em um manual de serviço editado pela Ford em 1980, portanto em plena produção e venda dos Galaxie a álcool, aparecia claramente a descrição do carburador como sendo o mesmo da linha 76/78, mas com revestimento interno de níquel e calibragens específicas. No mesmo manual também aparecia a vista explodida do carburador, inegavelmente um Motorcraft 2150, juntamente com a lista das peças que deveriam ser trocadas nas manutenções preventivas, agendadas para cada seis meses. É impossível afirmar ao certo por qual razão a Ford acabou por abandonar o Motorcraft em favor do sofrível DFV444, porém pode-se especular o problemático suprimento de carburadores Motorcraft (importados) e o custo, detalhe crucial para um carro que já estava com os dias contados.

Apesar de os carros ficarem mais bonitos e da entrada do etanol, a Ford não encontrou nem 3.000 compradores para os Landaus e para os LTDs modelo 1980. As vendas atingiram as decepcionantes 2.971 unidades, sendo 1.390 movidas a gasolina e 1.581 a álcool. Enquanto isso, a Ford tocava o projeto Ômega a toda velocidade e já preparava nova baixa na já exígua linha LTD/Landau.

1981

A chegada do Ano Novo trazia notícias ameaçadoras para os estimados carrões. Em fevereiro, a revista *Quatro Rodas* noticiou que o Del Rey, nome escolhido pelo público, estava pronto e chegaria ao mercado em junho, sendo recebido com elogios pela imprensa especializada por seu excelente acabamento, pela oferta de itens de conforto inéditos até então (como vidros e travas elétricas), pela robustez, pela durabilidade, pelo menor consumo de combustível, pelo preço final e pela manutenção mais barata que a dos Opalas.

Enquanto isso, a concorrência dos LTDs e dos Landaus diminuía. No final de 1980, a Chrysler se preparava para deixar o Brasil, e o primeiro passo foi a aposentadoria do mal-resolvido Charger R/T; até o final do ano, o mesmo aconteceria com o Dart e com o Polara, ficando como concorrente direto apenas o Alfa

Romeo Ti4, mais moderno e com preço mais acessível. A era dos grandes carros americanos no Brasil estava com os dias contados. Enquanto isso, o Landau trazia poucas novidades relevantes, mas pela primeira vez a Ford disponibilizava os seus topos de linha de série com outras cores além do azul-clássico, como os já conhecidos e tradicionais branco-nevasca II e preto-bali.

Na frente, a abertura do para-choque foi preenchida com uma grade complementar, com os mesmos elementos da principal, logo acima. A traseira novamente contava com os antigos para-choques dos modelos 1967, sem o recorte das lanternas da ré, que foram remanejadas para o conjunto óptico principal e incorporadas na nova moldura de alumínio acetinado com o emblema "Landau" em letra cursiva no centro da peça e

A adoção de outras cores deixou o Landau mais interessante. Mesmo com mais cores diponíveis, o azul-clássico ainda era o preferido de grande parte dos consumidores.

frisos duplos pretos pintados ao redor. No lado direito da tampa do porta-malas foi colocado um logotipo oval da Ford, de acrílico colorido. No interior, nova grafia laranja e branca no painel, com o detalhe de um pequeno emblema colocado entre o marcador de gasolina e o velocímetro, que agora marcava até 180 km/h.

Com cintos de segurança de três pontos, estofamento mais anatômico e com novo desenho e tapeçaria com opção de forração azul-marinho, que se tornou praticamente de série após o início de 1981, nas versões com as carrocerias pintadas em azul-clássico ou branco-nevasca II, o LTD praticamente não mudou em seu último ano de vida.

Sim, o LTD também seria aposentado no final do ano, por isso recebeu apenas as mesmas inovações mecânicas do Landau, como a suspensão com molas recalculadas, os freios dianteiros com pinças e as pastilhas maiores, que já o equipavam desde o

segundo semestre de 1980, e a nova barra estabilizadora traseira, além das cores azul-gemini, prata-régio e verde-gramado e os tradicionais branco-nevasca e preto-bali, conforme folheto oficial da Ford para a linha 1981. No interior, apenas o cinto de segurança de três pontos. O teto ainda era revestido com o vinil "couro de cobra" preto e, para 1981, contava com a nova e exclusiva cor verde. O marrom foi descontinuado nesse ano.

A moldura do painel traseiro foi redesenhada, tornando-se mais simples e discreta, além de acompanhar as modificações estéticas do Landau (para-choque antigo sem abertura para a luz de ré, que foi incorporada no conjunto óptico principal). A frente permaneceu a mesma.

A venda total para o ano de 1981 ficou em 1.125 carros, sendo 587 a álcool e 538 a gasolina. Foi um fiasco total. Já o novo Del Rey, de junho a dezembro, vendeu incríveis 20.206 unidades.

No alto, à esquerda: bancos novamente redesenhados. No alto, à direita: em 1981, a Ford disponibilizou a opção do interior azul. Acima: forro de porta da versão azul.

Painel do Galaxie 1981, com novo grafismo.

1982

A pergunta que todos se faziam naquele momento era: até quando a Ford ia manter o Landau em produção? A queda nas vendas era vertiginosa e proporcionalmente inversa à forte crise econômica que assolava o Brasil, que tornava o preço e o consumo exagerado do Landau totalmente despropositados naquele momento tão crítico. Apesar das adversidades econômicas, contudo, o país passava naquele ano por um momento de gradual redemocratização, e os brasileiros, depois de quase vinte anos, podiam novamente eleger pelo voto direto os governadores de estado. Menos mal.

Talvez já planejando a aposentadoria do Landau para muito breve, a Ford não promoveu mudanças significativas no carro, mas como sempre trouxe novas cores: azul-jamaica, cinza-granito e verde-astor, além do azul-clássico, do branco-nevasca II e do preto-bali. Externa e internamente, o Landau não passou por modificações. A única a salientar ocorreu nas calotas, que passaram a ser encaixadas e fixadas por um parafuso instalado no centro do cubo, solução que resolveu definitivamente as solturas da peça. Os carros passaram a partir de março a sair da linha de montagem sem

as discutíveis garras de proteção do para-choque traseiro. No final de 1982, a Ford contabilizou a venda de 1.199 Landaus, sendo 929 a gasolina e 270 a álcool.

Landau 1982 verde-astor. Bom senso: em março de 1982, os Landaus voltaram a sair da fábrica sem as discutíveis garras de proteção.

1983

O novo Landau 1983, se é que podemos chamá-lo assim, foi lançado em outubro de 1982, e a única diferença em relação aos carros do ano anterior foi a diminuição das opções de cores para a carroceria, ficando disponíveis apenas o azul-clássico, o cinza-granito e o preto-bali. De resto, o mesmíssimo carro, a não ser pela adoção de um material de qualidade inferior na feitura do volante, que dava a impressão de ser oco por dentro, pelo acréscimo de um friso vazado na chave de ignição, e pela cor dos motores, que passaram a ser pintados de cinza com o detalhe da tampa de óleo amarelo. As revistas especializadas nem se deram ao trabalho de analisar os carros, não havendo qualquer registro sobre testes com o modelo 1983. Infelizmente o Landau estava mesmo condenado ao ostracismo. Para abreviar a agonia do herdeiro do primeiro carro produzido no Brasil, a Ford comunicou, em 14 de janeiro de 1983, à sua rede de concessionárias que depois de dezesseis anos de excelentes serviços prestados o Landau seria retirado do mercado automobilístico brasileiro por razões óbvias.

Os motores V-8 302 importados definitivamente não eram os ideais para um país que vinha sofrendo os efeitos da malfadada crise do petróleo e cuja economia se recuperava lentamente. A própria produção do carro contribuía para encarecê-lo. Um modelo 1983 não saía por menos de 8,1 milhões de cruzeiros, e os carros eram praticamente feitos à mão, enquanto os mais novos já contavam com a ajuda de robôs na sua construção, além da prática

O impecável Landau 1983 de uso pessoal do ex-presidente da República general João Baptista de Oliveira Figueiredo.

Cinza-granito, uma das três cores disponíveis para a despedida do querido full size.

Preto-bali, o grande clássico. Depois do Landau, o Brasil nunca mais produziu um automóvel tão bem construído, silencioso, macio, confortável, aconchegante, e todos os elogios mais que ele merece. Deixou saudade. Os últimos motores V-8 302 usados na produção brasileira eram cinza.

estrutura em monobloco – no Landau, o chassi era o caro e antigo perimetral, que proporcionava rigidez e resistência acima da média, além de contribuir para a excelência do isolamento acústico. Não podemos esquecer o principal: as vendas vinham despencando ano a ano, tornando sua permanência no mercado inviável. Diante de todos esses motivos, em 2 de fevereiro de 1983, com apenas 125 unidades do modelo 1983 saídas da linha de montagem (93 a gasolina e 32 a álcool), a Ford Motor Brasil confirmava, em caráter irrevogável, que a produção do Landau estava definitivamente encerrada.

Vale ressaltar que para ser considerado um raro exemplar, o Landau deve (obrigatoriamente) ter sido fabricado entre os dias 1 de janeiro e 2 de fevereiro de 1983.

O legado de excelência do modelo, porém, ficará indelevelmente marcado na história da indústria automobilística brasileira para todo o sempre. *Ad eternum* Ford Galaxie.

Ford Brasil S.A.

JLVD-013/83   São Bernardo do Campo, 14 de janeiro de 1983

AOS SENHORES DISTRIBUIDORES FORD

Prezados Senhores:

Em 1967 a Ford Brasil S.A., iniciou uma nova era na indústria automobilística brasileira, quando começou a produzir o Ford Galaxie 500. Esse veículo marcou o consumidor brasileiro como símbolo de status, requinte e de elevado padrão de qualidade.

Durante cerca de 15 anos, a linha de veículos composta pelo Galaxie 500, LTD e Landau atingiu a produção total de 78.000 unidades, passando a experimentar séria redução nos dois últimos anos, em face das novas exigências do mercado brasileiro, voltado para veículos de alta eficiência no consumo de combustível.

Apesar da progressiva tendência do mercado por carros modernos e de baixo consumo de combustível, a Ford manteve o Landau a níveis economicamente incompatíveis de produção por largo período. Essa situação, porém, chegou a um ponto insustentável em face da definitiva retração do mercado, obrigando-nos à decisão de descontinuá-lo ainda este mês.

A paralização do Landau faz parte de uma estratégia elaborada pela Ford, a partir de outubro do ano passado, quando ocorreu o lançamento do Del Rey com transmissão automática e maior espaço interno, um automóvel que também oferece ao consumidor, o mesmo padrão de qualidade e acabamento do Landau, com a vantagem adicional da grande economia de combustível.

Queremos informar-lhes, também, que a Ford garantirá o fornecimento de peças e componentes aos possuidores do Landau.

Estamos certos de que V.Sas. saberão entender essa nossa inadiável decisão e saberão transmití-la, convenientemente aos seus clientes e para tanto estamos anexando o "press-release" divulgado pela imprensa.

                 Atenciosamente,
                 FORD BRASIL S/A.

                 J.L. Van Duzen, Gerente
                 Geral de Vendas

Form. RI. C. 1

Carta da Ford anunciando o fim da produção do Landau.

NAS PISTAS

PARTICIPAÇÕES NO BRASIL

O Ford Galaxie teve importante participação nas pistas americanas, mas o mesmo não aconteceu no Brasil, onde apenas um exemplar, preparado pela equipe Agromotor (Luiz Francisco Baptista), que correu na categoria Turismo 5000, se fez presente. Nos Estados Unidos, basicamente, as participações mais marcantes do modelo foram nas provas da National Association for Stock Car Auto Racing (Nascar), nas quais nomes como Ned Jarrett, Ralph Moody, E. Glenn "Fireball" Roberts, Fred Lorenzen (conhecido como Fast Freddie), Dan Gurney, Nelson Stacy, Dick Hutcherson, David Pearce, Dewayne "Tiny" Lund e A. J. Foyt eram os mais famosos, e conquistaram inúmeras vitórias importantes.

Em terras brasileiras, havia um único Galaxie na categoria Turismo 5000, que consagrou muitos pilotos já veteranos e outros nem tanto, tais como Expedito Marazzi e o velho lobo do Canindé, Camillo

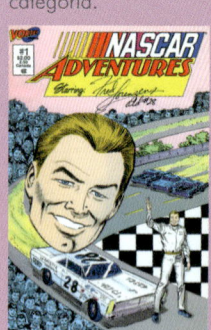

Christófaro, além de Ney Faustini e Arnaldo "Calígula" Abdalla.

O Galaxie preparado por Baptista era um modelo 1968 rebaixado, com rodas alargadas, lanternas traseiras e faróis dianteiros tampados, e mecânica idêntica à de um Maverick GT, com motor 302 alimentado por um carburador Motorcraft duplo-corpo, além de possuir câmbio de quatro marchas. Ao longo dos anos, o carro recebeu modificações e se tornou mais rápido e eficiente, mas ao final de 1983, por falta de patrocínio e de competidores, a entrada de outros carros com motores abaixo de 5.000 cm³ foi permitida, e a manutenção da categoria se tornou inevitável.

Fred Lorenzen e Dan Gurney, ambos da equipe de Ralph Moody.

Após mudanças no regulamento que permitiam modificações aerodinâmicas, o carro ganhou novo perfil e um aerofólio para melhorar seu desempenho. Durante as temporadas da T5000, o Galaxie da Agromotor era pilotado por Arnaldo "Calígula" e preparado por Francisco Baptista. Embaixo: com o novo pacote aerodinâmico, o Galaxie tornou-se sério candidato à vitória.

CAPÍTULO 5

CURIOSIDADES

O REI DO GALAXIE

O empresário gaúcho Arno Henrique Berwanger (1927-1997) sempre foi apaixonado por carros, mas seu coração batia bem mais forte pela linha Ford Galaxie. Motorista de caminhão, ele abriu uma oficina mecânica no bairro Guarani em março de 1955, em sociedade com Alonso Pedro, seu irmão também caminhoneiro. Com o prosperar dos negócios, os dois investiram os lucros em uma transportadora e depois em uma licença para comercializar os veículos da Willys-Overland em sua região. Pouco tempo depois, Arno tornou-se sócio da Novocar, uma revendedora na cidade de Nova Hamburgo, RS, e em pouco tempo era seu único proprietário. O caso de amor pelo Galaxie teve início imediatamente após o lançamento do carro, que se tornou o líder de vendas da Novocar, chegando a responder por incríveis 8 por cento das vendas nacionais (vale ressaltar que a cidade possuía 80.000 habitantes no início dos anos 1970). Uma das táticas utilizadas para seduzir os potenciais compradores era permitir que experimentassem um modelo durante um fim de semana e tirassem suas conclusões. Na maioria esmagadora das vezes, a Novocar vendia mais um Galaxie na segunda-feira. Arno Henrique Berwanger também foi o pioneiro em lançar um bem-sucedido consórcio para a venda do Landau. Por tudo isso, passou a ser conhecido como o "Rei do Galaxie", título do qual se orgulhava muito.

Entretanto, em 1983, quando a Ford deixou de produzir o modelo, Arno teve uma das maiores tristezas da sua vida e chegou a declarar: "Acabaram com meu brinquedo".

Em 1988, seu amor pelos carrões mantinha-se inalterado, o que o fez montar o Museu do Galaxie. Com a ajuda de amigos, saiu à procura de carros para formar um acervo digno do modelo. Visitou antigos clientes que ainda mantinham carros na garagem desde zero-quilômetro, e foi atrás de outros que tinham mudado de mãos e até de estado. Não importava se os carros apresentavam algum defeito na pintura ou na mecânica; o importante era estarem íntegros e 100 por cento originais.

Depois de conseguir reunir e restaurar 22 carros, Arno instalou-os em um salão anexo à concessionária, mas por falta de espaço dois deles ficaram expostos na própria revenda. Logo na entrada via-se o Landau 1982 preto-bali que serviu aos presidentes Figueiredo, Sarney e Collor. Do lado esquerdo havia uma fila com oito Galaxies 500, de 1967, um em cada uma de suas cores originais. Na parede do fundo havia um chassi do modelo 1967 pendurado, com mecânica completa e em perfeito estado de funcionamento. Na frente dos Galaxies 500 estavam um LTD 1979 branco-nevasca com apenas 2.962 km rodados, um LTD Landau 1972 ouro-del-rey, um LTD 1970 azul-náutico, um Galaxie 500 1974 verde-mangueira e um Galaxie 500 1970 vermelho. Outras raridades eram o Landau 1979 bordeaux-scala metálico, edição especial dos sessenta anos da Ford no Brasil, um dos preferidos de Arno, adquirido do primeiro dono em 1989, com 27.000 km. Além dessas maravilhas, Arno mantinha outros modelos representativos da linha, como um LTD Landau 1973 turquesa-

O senhor Arno em um dos Galaxies 500 de seu museu.

-mônaco, com vinil areia, um Landau "série prata" 1976 com 34.000 km, além de um Galaxie 500 1968 azul-infinito, que pertenceu a seu filho.

Mas a maior atração do Museu do Galaxie era um impressionante Landau 1982/1983 a álcool, ainda zero-quilômetro, o qual se encontrava exatamente como no dia em que saíra da Ford no bairro do Ipiranga. O carro conservava os selos de controle de qualidade da pintura na parte interna do capô, os plásticos originais que cobriam os bancos e a soleira das portas, além do inebriante cheiro de carro novo, mesmo passados tantos anos. O hodômetro registrava ínfimos 10 km rodados nos testes finais, em manobras no pátio e no transporte para a concessionária. Para que nada de mau acontecesse com a preciosidade, o Landau permanecia coberto a maioria do tempo. E a maior das honrarias: o automóvel era reconhecido pela própria Ford como o único Landau zero-quilômetro existente no Brasil. Para não restar nenhuma dúvida sobre sua paixão arrebatadora, o empresário fazia seus deslocamentos para onde quer que fosse a bordo de um reluzente Landau 1983 preto-bali.

GALAXIE JK

Juscelino Kubitscheck é uma personalidade que dispensa maiores apresentações. É notório que o ex-presidente da República, fundador de Brasília e maior responsável pela implantação da moderna indústria automobilística no Brasil, além da política, nutria paixão especial por automóveis, e o seu último e mais avassalador foi um Galaxie 500, 1974, vermelho-jambo. O envolvimento de JK com a linha Galaxie se deu através de um primo que possuía um LTD Landau e fazia questão de levá-lo aonde quer que fosse a bordo do carrão. O veículo imediatamente o fascinou pela beleza, pelo amplo espaço interno, pelo conforto inigualável, pela maciez no rodar e pelo ronco de seu motor V-8. Depois de conhecer mais de perto o automóvel, JK nutriu por meses um amor platônico pelo carro. Durante suas muitas jornadas sentia sempre muito prazer durante o trajeto, e no final de cada viagem nunca deixava de elogiar o carro e seus atributos. Reiteradamente afirmava que um dia teria um daqueles, era apenas questão de tempo. E finalmente no início de 1974, JK adquiriu no Rio de Janeiro o seu Galaxie e o levou para Brasília, conservando-o até a sua morte em 1976, num acidente na Via Dutra dentro de seu antigo Opala. Após a passagem do ex-presidente o carro foi mantido pela família até o fim dos anos 1970, quando foi vendido e passou por muitas outras mãos. Depois de rodar ininterruptamente por mais de dez anos, o Galaxie foi recomprado pelo Memorial JK totalmente depauperado e exposto em um sarcófago de concreto e vidro do mesmo jeito que o encontraram, apenas colocou-se um conjunto de calotas de Landau 1976. O carro foi deixado para agonizar uma morte lenta e inexorável diante dos olhos incrédulos de amantes do modelo e de antigomobilistas mais sensíveis, que imploravam para que ele fosse restaurado e honrasse a dignidade do seu antigo dono. Finalmente, depois de mais vinte anos deitado em berço nada esplêndido, o Galaxie, por iniciativa de Anna Christina Kubitschek, presidente do Memorial JK, com apoio do Exército Brasileiro, através do 16º Batalhão Logístico, foi retirado no dia 19 maio de 2010 da sua tumba para ser totalmente restaurado. A missão seria árdua e de alta complexidade, pois os militares, acostumados a reparar tanques, caminhões, viaturas e outros veículos de guerra, apesar da boa vontade, não eram especialistas em cuidar devidamente de um carro da década de 1970; e para isso precisariam de ajuda mais do que especializada.

A Basf/Glasurit, a 3M e a Automotive Repairs, que já haviam prestado serviços anteriormente na recuperação de outro veículo de JK, um Mercedes-Benz 1961, estavam novamente envolvidas, mas ainda faltava conhecimento específico do modelo em questão, mas ajuda que não tardou em chegar. Ao saber dos trabalhos pela mídia, os Amigos do Galaxie, o maior e mais ativo grupo Galaxeiro do Brasil, se colocaram à disposição para prestar toda a assessoria técnica e fornecer as peças que fossem necessárias, junto com outras empresas, o V8 & Cia de Campinas e o clube do modelo. Foram mais de cem dias de muito trabalho e dedicação; no dia 12 de setembro de 2010, data de nascimento de JK, o carro foi devolvido praticamente como veio ao mundo em uma grande festa, que incluiu uma carreata de carros antigos pelas ruas de Brasília, a tradicional missa na praça do Cruzeiro e uma animada recepção regada a pão de queijo ao som de "Peixe Vivo", no Memorial JK. A nota triste foi que, depois de todo o esforço, inestimável investimento humano e financeiro, o Galaxie foi jogado novamente, parafraseando Roberto Nasser (curador do Museu dos Transportes), no "maldito buraco". Uma pena.

CAPÍTULO 6

DADOS TÉCNICOS

COMO IDENTIFICAR

A melhor maneira de identificar um veículo é consultar a plaqueta de identificação. Para começar, a maior parte dos carros da linha Galaxie tem o código do chassi começando com as letras LA (exceto entre 1970 e junho de 1972), que representam o país de origem (L) e a linha de montagem (A) – respectivamente, Brasil e Ipiranga (São Paulo). A seguir, reproduzimos tabelas que podem auxiliar a identificar as características dos veículos.

Tabela de códigos e datas de montagem dos Galaxies

ANO	CÓDIGO	JAN	FEV	MAR	ABR	MAI	JUN	JUL	AGO	SET	OUT	NOV	DEZ
1967	G		K	D	E	L	Y	S	T	J	U	M	P
1968	H	B	R	A	G	C	K	D	E	L	Y	S	T
1969	J	J	U	M	P	B	R	A	G	C	K	L	M
1970	K	N	P	Q	R	S	T	U	V	W	X	Y	Z
1971	L	A	B	C	D	E	F	G	H	J	K	L	M
1972	M	*	*	*	*	*	*	D	E	L	Y	S	T
1973	N	J	U	M	P	B	R	A	G	C	K	D	E
1974	P	L	Y	S	T	J	U	M	P	B	R	A	G
1975	R	C	K	D	E	L	Y	S	T	J	U	M	P
1976	S	B	R	A	G	C	K	D	E	L	Y	S	T
1977	T	J	U	M	P	B	R	A	G	C	K	D	E
1978	U	L	Y	S	T	J	U	M	P	B	R	A	G
1979	X	C	K	D	E	L	Y	S	T	J	U	M	P
1980	Y	B	R	A	G	C	K	D	E	L	Y	S	T
1981	Z	J	U	M	P	B	R	A	G	C	K	D	E
1982	A	L	Y	S	T	J	U	M	P	B	R	A	G
1983	B	C	K										

*Dados oficiais não disponíveis

PLAQUETAS DE IDENTIFICAÇÃO

Como exemplo, vamos identificar elementos da plaqueta de um Galaxie 500 1967:

Verificando essa plaqueta, vemos que o código de chassi **LA 54GE11177** significa:

L = Origem do produto (Brasil)

A = Linha de montagem (Ipiranga – São Paulo)

54 = Tipo de carroceria (sedã com quatro portas)

G = Ano de montagem (1967)

E = Mês de montagem (abril)

11177 = Número da sequência de produção

Plaqueta de identificação de 1967 e 1968.

A sequência do número de produção consiste em um número e cinco algarismos que começam em 1.001. Esse número composto de cinco algarismos foi usado até o numeral atingir 99.999, quando então voltou a 1.001 para começar novamente. Um Galaxie com chassi LA 54GE11177 é, na verdade, o de número 1.177 da sequência de produção do ano de 1967. Portanto, trata-se de um Galaxie 500, fabricado em abril de 1967, na cor azul-infinito e com estofamento preto (tecido com vinil).

Faz-se a ressalva de que, conforme consta em um boletim de serviço, os modelos montados a partir de setembro de 1968 já saíam com o código J, referente ao ano seguinte.

Em 1969 o modelo da plaqueta de identificação sofreu alterações, mudando de tamanho e de cor. Passou a ter também a opção de fundo cinza, usada em veículos pintados em cor acrílica, enquanto a plaqueta com fundo na cor preta era usada para os pintados com tinta esmalte.

Plaqueta de identificação do ano 1969.

A partir de 1970 até junho de 1972, a numeração do chassi mudou radicalmente e passou a ser a seguinte:

Código **0A64U606197**

0 (zero) é o ano de produção, 1970 (1 para 1971, 11 para 1972/1972, para um carro produzido até o mês de maio, e 3 para 1972/1973, para os carros fabricados entre o final de maio e a primeira quinzena de junho de 1972);

A é o local de fabricação: Ipiranga, em São Paulo;

64 é o tipo de carroceria LTD;

U é o motor 292;

606197 é a sequência de produção 6197.

A plaqueta da segunda quinzena de junho de 1972 a 1974 segue as características ilustradas ao lado:

6C indica LTD e LTD Landau;

(o código 6A era destinado ao Galaxie 500, e o código 6D, ao Landau);

M é o ano de montagem;

E é o mês de montagem;

00963 é o numeral de sequência de produção.

No período de 1975 a 1983, a plaqueta de identificação sofreu alterações substanciais refletindo as mudanças nos modelos de acordo com a ilustração.

Na identificação, acrescentou-se o código 54D para identificar a carroceria do Landau. Os dois últimos algarismos correspondiam aos dois últimos algarismos do ano de montagem.

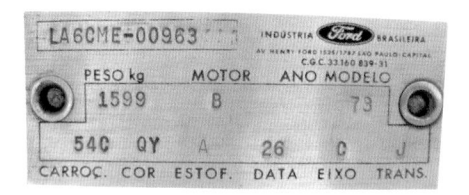

Plaqueta do LTD Landau 1973.

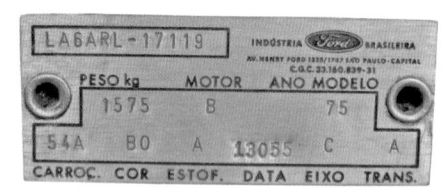

Plaqueta do Galaxie 500 1975.

FONTES DE CONSULTA

LIVROS

BANHAM, Russ. *The Ford Century*. San Diego: Tehabi Books, 2002.
BRANDENBURG, Enio. *Automóveis brasileiros*. São Paulo: Optagraf, 2003.
FORCE, Edward. *Dinky Toys*, 6. ed. Atglen, PA: Schiffer Publishing Ltd., 2006.
GREGSON, Paul William. *Maverick: um ícone dos anos 1970*. São Paulo: Alaúde, 2007.
LATINI, Sidney. *A implantação da indústria automobilística no Brasil*. São Paulo: Alaúde, 2007.
MACHADO, José de Paula. *Tapajós, o baixo Amazonas*. Rio de Janeiro: Agir, 1991.
RICHARDSON, Mike; RICHARDSON, Sue. *Dinky Toys & Modeled Miniatures*, 3. ed. Londres: New Cavendish Books, 1989.
SANDLER, Paulo César. *DKW: a grande história da pequena maravilha*. São Paulo: Alaúde, 2006.
SANDLER, Paulo César; SIMONE, Rogério de. *Simca: a história desde as origens*. São Paulo: Alaúde, 2005.
SGUIGLIA, Eduardo. *Fordlândia*. São Paulo: Iluminuras, 1997.
SHAPIRO, Helen. *Engines of Growth: The State and Transnational Auto Companies in Brazil*. Nova York: Cambridge University Press, 1994.

REVISTAS

Antigos de Garagem. São Paulo: Editora Escala, edições 1 (pp. 38-49), 14 (pp. 8-11).
Autoesporte, Rio de Janeiro: FC Editora, edições 52 (pp. 52-55), 56 (pp. 28-35), 62 (p. 45), 65 (pp. 12-57), 81 (pp. 52-58), 88 (pp. 26-29), 92 (pp. 38-41), 99 (pp. 10-13), 126 (pp. 32-33), 127 (p. 11), 128 (pp. 10-13), 131 (pp. 28-30), 134 (pp. 32-37), 135 (pp. 34-37), 151 (pp. 36-39), 162 (pp. 42-46), 165 (pp. 20-27), 171 (pp. 24-28), 172 (pp. 12-17), 187 (pp. 28-35), 200 (pp. 38-45), 219 (p. 19), 292 (pp. 4-9).
Auto e Técnica, São Paulo, Redacta Comunicações, edição 67 (pp. 40-41).
Automóveis Antigos, São Paulo: On Line Editora, edições 3 (pp. 6-13), 4 (pp. 16-37).
Classic Show, Ijuí: Editora & Cia, edições 11 (pp. 10-14), 34 (pp. 50-62), 38 (pp. 50-63), 39 (pp. 10-13), 40 (pp. 14-17).

Collector's Magazine, Santa Bárbara D'Oeste: Editora Nexus, edição 10 (pp. 22-24).

Dream Cars, São Paulo: On Line Editora, edição 2 (pp. 51-55).

Fatos e Fotos, Rio de Janeiro: Bloch Editores, edições 323 (pp. 37-52), 409 (pp. 86-89).

Manchete, Rio de Janeiro: Bloch Editores, edição 764 (pp. 20-21), e edição especial VIII Salão do Automóvel 1972 (pp. 4-5).

Mecânica Popular, Rio de Janeiro: FC Editora, edições 62 (pp. 88-89), 65 (p. 12), 70 (p. 1), 81 (pp. 40-43), 84 (pp. 16-19), 85 (pp. 10-32), 86 (pp. 36-50), 88 (pp. 35-47), 107 (pp. 54-57).

Motor 3, São Paulo: Editora Três, edições 5 (p. 21), 21 (pp. 14-16), 22 (pp. 16-19), 24 (pp. 56-62), 30 (pp. 23-67), 31 (pp. 48-49), 38 (pp. 44-47).

National Geographic Brasil, São Paulo: Editora Abril, edição 43 (pp. 38-46).

O Cruzeiro, Rio de Janeiro: Empresa Gráfica O Cruzeiro, edições 24 (p. 105), 25 (p. 30).

Oficina Mecânica, São Paulo: Sisal Editora, edições 29 (pp. 40-43), 38 (pp. 6-9), 82 (pp. 42-46), 99 (pp. 22-24), 103 (pp. 68-70), 151 (pp. 52-55).

Quatro por Quatro Pick Up, São Paulo: Editora Almeida Harris, edição 7 (pp. 70-72).

Quatro Rodas Clássicos, São Paulo: Editora Abril, edição 6 (pp. 50-57).

Quatro Rodas, São Paulo: Editora Abril, edições 59 (pp. 77-79), 63 (pp. 6-7), 66 (pp. 76-78), 74 (pp. 36-37), 77 (pp. 75-123), 84 (pp. 80-85), 89 (pp. 92-100), 97 (pp. 38-40), 100 (pp. 26-29), 101 (pp. 8-54), 102 (pp. 16-31), 104 (pp. 24-31), 106 (pp. 16-21), 111 (pp. 3-122), 112 (pp. 14-21), 115 (pp. 32-41), 116 (pp. 52-53), 117 (pp. 54-55), 118 (pp. 54-55), 120 (pp. 38-41), 124 (pp. 44-47), 125 (pp. 40-130), 126 (pp. 36-89), 131 (pp. 32-37), 137 (pp. 158-165), 138 (pp. 58-61), 141 (pp. 48-51), 144 (pp. 52-55), 148 (pp. 32-35), 157 (pp. 46-48), 160 (pp. 52-61), 175 (pp. 44-45), 185 (pp. 36-43), 191 (pp. 48-57), 205 (pp. 90-94), 215 (pp. 46-53), 220 (pp. 68-82), 222 (pp. 104-111), 227 (pp. 44-46), 229 (pp. 36-45), 237 (pp. 120-130), 246 (pp. 30-121), 247 (pp. 42-45), 251 (pp. 36-45), 260 (pp. 4-66), 282 (pp. 44-50), 306 (pp. 96-98), 488 (pp. 22-23).

Revista das Feiras, São Paulo: Editora Agro-Industrial e Científica, edições 1966 (pp. 6-34), 1968 (pp. 22-25).

Status Motor, São Paulo: Editora Três, edição 7A (pp. 74-75).

Tempos de V8, São Paulo: Clube do Ford V8, edições 38 (pp. 2-19), 39 (pp. 2-5), 54 (pp. 2-11), 58 (pp. 8-15).

CATÁLOGOS

Departamento de Imprensa da Ford Motor Company, edições de 1966 (pp. 2-11), 1967 (pp. 9-50), 1968 (pp. 2-4), 1969 (pp. 1-4), 1970 (pp. 1-8), 1971 (pp. 1-5), 1972 (pp. 2-7), 1976 (pp. 2-4), 1978 (p. 2), 1979 (pp. 2-5), 1980 (pp. 2-4), 1994 (pp. 10-69).

Dinky Toys, França: MECCANO-Triang, edições 1969 (p. 7), 1971 (p. 16).

Matchbox, Lesney Products & Co., edições de 1966 (pp. 1-12), 1967 (pp. 10-12), 1968 (pp. 10-11), 1969 (p. 15), 1970 (p. 28).

JORNAIS

O Estado de S. Paulo, São Paulo: Editora OESP, edição de 16 de junho de 2004 (pp. H3-H5).

O Globo, Rio de Janeiro: Globo Editora, edições 7 (p. 13), 16 (pp. 11-13), 21 (p. 13), 23 (pp. 6-14), 278 (pp. 28-29).

SITES

www.alfafnm.hpg.ig.com.br
www.amigosdogalaxie.com.br
www.angelfire.com/ga/galaxiebr/newgalax.html
www.answers.com/topic/fordl-ndia
www.autoclassic.com.br/carcara_40anos.asp?id=2
www.automotorbatista.com.br/artigos/artigo16.htm
www.carangosemotocas.com/veiculosedonos/landauhotbar/landauhotbar.htm
www.carroantigo.com
www.clubedofordinho.com.br/si/site/0058?idioma=portugues
www.damninteresting.com/?p=596-81-k
www.defesa.ufjf.br/fts/Caminh%F5es%20FNM.pdf
www.djjaragua.vilabol.uol.com.br/executivo.htm
www.galaxie.com.br

www.galaxieclube.com
www.leismunicipais.com.br
www.letras.terra.com.br/tito-madi/479726
www.lowridermagazine.com
www.michiganhistorymagazine.com/extra/fordlandia/fordlandia.html
www.packbyday.blogspot.com/2007_10_01_archive.html
www.rizoma.net/interna.php?id=129&secao=panamerica
www.terra.com.br/istoe/1884/artes/_1884_delirio_perdido_de_ford.htm
www.tinmantintoys.com/history.html
www.veterancarjoinville.com.br/var_curios_03.php
www.webmotors.com.br/wmpublicador/Reportagens_Conteudo.vxlpub?hnid=38522
www2.uol.com.br/bestcars/classicos/galaxie-1.htm
www2.uol.com.br/bestcars/cpassado3/simca-1.htm
www2.uol.com.br/bestcars/cpassado3/dkw-vemag-1.htm
www2.uol.com.br/bestcars/classicos/aero-1.htm
www2.uol.com.br/bestcars/cpassado3/dkw-vemag-8.htm#b
www2.uol.com.br/bestcars/cpassado/dodge-1.htm
www2.uol.com.br/bestcars/classicos/opala-1.htm
www2.uol.com.br/bestcars/cpassado2/fnm-2000-2150-1.htm

CRÉDITO DAS IMAGENS

Abreviações: a = acima; b = embaixo; c = no centro; d = à direita; e = à esquerda.
Na falta de especificações, todas as fotos da página vieram da mesma fonte.

Páginas 4-5, 8, 9, 10ac, 11c, 16-7, 28-9, 30, 31, 32, 33a, 34a, 35b, 36, 38, 39, 40, 41, 42, 43, 44, 46, 47, 48, 49, 50b, 53, 54, 55, 56, 57, 59, 60. 62-3, 64ab, 65, 66, 67, 68-9, 70, 72, 73, 74b, 76, 77, 78, 80, 81, 82, 83, 84, 90-1, 92 e 96-7: arquivo dos autores.

Páginas 6, 7, 10b, 11ab, 12, 13, 14, 15 e 18c: *Catálogos Ford Motor Company.*

Páginas 18a, 22 e 23: *Catálogo Auto Show Ford.*

Páginas 19 e 27: *Revista Fatos & Fotos.*

Páginas 20, 21 e 26: *Revista Mecânica Popular.*

Páginas 25, 45, 50a e 51c: Anfavea.

Páginas 33b, 34b, 51b, 52 e 58: *Quatro Rodas.*

Páginas 35a, 64e, 74a, 75, 98, 99 e 100: *Catálogos Ford Motor Brasil.*

Página 85: arquivo de Rafael Coelho.

Páginas 86-7, 88ab e 89a: F*ord, Lincoln & Mercury Stock Cars.*

Página 88e: *Nascar Adventures.*

Página 89b: Equipe Agromotor.

Página 93: arquivo de Enio Brandenburg.

Conheça os outros títulos da série:

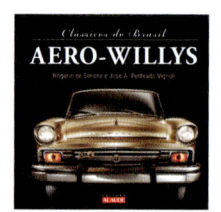 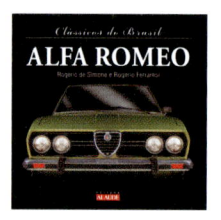  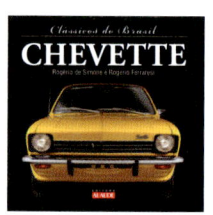

  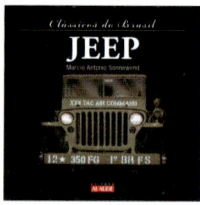 

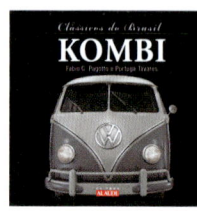 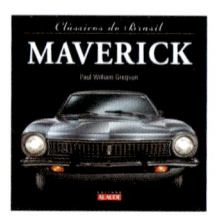  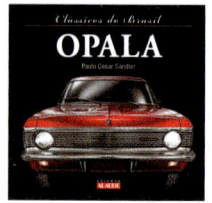